浅見淳子

株式会社花風社　代表取締役社長

自閉症者の犯罪を防ぐための提言

刑事告訴した立場から

花風社

自閉症者の犯罪を防ぐための提言　目次

［第三章］
何があったか　53

【第四章】

法的トラブルに巻き込まれない大人になるために　79

［第一章］ はじめに　刑事告訴した立場から

なぜ今この本を書こうと思ったのか

十年にわたる自閉症者からの法被害を受け、思うところあって民事提訴、刑事告訴を行って三年以上の月日が流れました。

この間、民事で勝訴し、刑事裁判でも被告人である自閉症者に有罪判決が下りました。最終的に判決が確定してから数ヶ月、今になってこの本を書く気になったのには理由があります。

この事件は、狭い自閉症支援の世界では、それなりに有名になってしまったようです。被告から私たち（著者、私の家族、私）が受けた被害そのものが、ネット上での誹謗中傷という極めて人目につきやすい行為でしたし、長年にわたる被告人の執着の結果、知る人も加速度的に増えていきました。

誹謗中傷の内容は、私たちが全く身に覚えのない詐欺を働いているというものでしたので、自分の潔白を証明するためにも、私は刑事事件が決着してすぐに、事件と裁判の経過を書籍化するつもりでした。

裁判の途中から、自閉症の特性と犯罪のかかわりについて、一度じっくりと考えてみて世に訴えかけようと考えるようになってきたのです。

数多くの不可思議な事件の加害者に自閉症スペクトラム（自閉症、アスペルガー障害、広汎性発達障害など）の診断がつき、この特性を持つ人々と触法行為の関連が何かと社会問題化されている中で、私はこの事件を抱えることになりました。そして、なぜこのような事件が起きたのか、なぜ加害者はそのような反応をするのか、私自身、戸惑ったことがたくさんありました。やがて、実際に自閉症者からの被害を受けて訴えた立場から報告することも、意味があるだろう、と考えるようになるに至ったのです。

私たちが被害にあっていた最中、多くの関係者が事件の性質と障害特性の関連を指摘していました。裁判の途上でも、障害との関連は度々取沙汰されました。一度も面識のない人物（未だにありません）からの攻撃という不可思議な被害と、自閉症という障害にまつわる我々には測り知れない認知の特性とは、切り離すことができないものなのでした。

けれども、私自身がこの事件で受けた被害を冷静に綴れるようになるためには、数ヶ月の時間が必要でした。

数ヶ月？　短くない？　と思われるかもしれません。そうですね。私はどうやら、基本的に「喉元過ぎれば熱さ忘れる」タイプのようです。

もっとも私の心が癒えるのがそれなりに早かった理由のひとつは、私がこの件について、隠し立てすることなく自分の経験として語り続けたからというところにもあるかもしれません。

ブログで、あるいは講演会で、私は許される範囲で、自閉症者Xのやったことがどう有罪判決を引き出すだけの要件を満たしていたかについて語りました。

私の出す本も日々のブログも、そして時折行う講演会も、「いかにして自閉症の人を社会の一員にするか」「いかにして我々は自閉症の人たちと共存するか」をテーマにしています。

そこでは、自閉症の子どもや大人に社会のルールを守ってもらう、というのは、一つの大切なテーマです。そのためには、何がルール違反なのか、きちんと知っておく必要があります。

この事件に正面から向き合い、裁判を闘ったことは、そのための多くの教訓を、私たちに与えてくれたのでした。


人の親になった以上、我が子に「世間に後ろ指を指されるような人間になってほしくない」と願うのは自然な気持ちだと思います。昔から親たちは「偉くならなくてもいい。とにかく世間様に迷惑をかけなければ」という気持ちで子どもを一人前にしてきました。

そういう気持ちで子育てすることは親として当たり前のことであり、障害のあるお子さんを授かった親御さんたちが持っても然るべき思いであるはずです。

たしかに障害があるということは社会の助けを人より必要とすることです。そしてだからこそ、良き市民であることは道徳的に正しいだけではなく、戦略上も有利です。他人に迷惑をかけない人ほど、支援の場で歓迎されるのは確かなのですから。

障害のあるお子さんをお持ちの親御さんたちの中にも、このことに気づいている方はたくさんいらっしゃいます。

障害者支援にかかわる方々の世界では、障害者は徹頭徹尾無垢な存在であり、守られるべき存在なのだから、たとえ罪を犯したとしても、その責を問われるべきではないという考え方もあります。けれども一方で、自分の子にはたとえ障害があっても法を守れる人間になってもらいたい、という親心を抱いている方々も多いのです。

その方たちが、裁判を終えた私に寄せて下さったのは、「感謝」でした。被害に泣き寝入りすることなく、時間とエネルギーとお金をかけて、大事なことを学ぶ機会を設けてくれてありがとう浅見さん、という数々の言葉でした。

障害があるお子さんを授かっても、その子たちが人の手を借りながら社会の中できちんと生きていけるように――障害特性によって他人の権利を侵害することなく人々の間で生きていける大人となるように――小さいうちから準備している方々はいます。私はその方たちに情報を提供することを仕事のひとつとしています。

私にとって自閉症者による法被害を受けたことは悲しく腹立たしいことでしたが、これも何かの巡り合わせでしょう。

私は今まで、沢山の幸せな巡り合わせに恵まれてきました。ならば、つらかったこの巡り合わせも貴重な経験として活用して、社会の役に立ててもらいましょう。それでこそ、裁判を闘った価値があるというものです。

こういうわけで私はこの本を書くことにしたのでした。

この事件の告訴人となったのは私と私の夫ですが、被害者は他にもいます。うちで本をたくさん出してくれている自閉症当事者のニキ・リンコさんも、ある意味面妖なかたちで被害を受けました。Xがネット上で繰り広げていた主張は、「ニキ・リンコは実在しない。浅見淳子が商売のために偽の自閉症者を演じている」というものだったのであり、我々が（私大の教員を務める私の夫も詐欺に加担しているというのがXの持論でした）詐欺呼ばわりされるという被害を受けている一方、ニキさんは「いない」ことにされていたのです。

けれども実を言うと、ニキさんはXにある種の「共感」を感じていたようでした。自閉症という共通の障害のある立場だからこそ、なぜそのような面妖な主張をしてまうのか、我々には測り知れないところでわかっていたようです。

ではニキさんは法を犯すことがあるでしょうか？

身近で見る機会も多い人間から見て、その可能性が高いとは到底考えられません。

それでもよく聞いてみると、過去には自閉症の脳にありがちな誤学習から、世の中を無駄に恨んだこともあったようです。

この、きわめて正当性のない世の中への恨み――これは、自閉症の人にしばしば見られる現象です。人間は、人と人の間で生きていくしかありません。なのに社会を無駄に恨んでいては、本人も苦しいはずです。社会に適応できない大きな原因になるし、ひいては触法リスクに結びつきます。それでもそういう道筋を、自閉症スペクトラムの人はたどってしまいやすいようです（後々明らかにしていきますが、支援がむしろそれを後押しします）。

それでも――世の中を無駄に恨んだこともあった経験の持ち主でも――触法リスクが認められない人もいます。

同じように自閉症スペクトラムのどこかにいたり、何らかの発達の偏りを抱えていても、触法リスクが高い人とそうではない人がいます。これは事実のようです。

いや待てよ。そもそも、発達障害の人は触法リスクが高いのでしょうか？

あるいは、法を犯しやすいタイプというのがあるのでしょうか？

実はこれに関して、専門家の意見をあまり聞く機会がありません。支援者たちの世界（以降ギョーカイと呼びます）には、どうもそういう話題を表に出さない傾向があるようです。

自閉症の特性や治療を研究する人が、世間への啓発と権利擁護を担当することがあるのがギョーカイの実情です。本音が流通しにくい環境ができあがっているようにも見えます（さらに、支援者自身が当事者保護者、あるいはそのなだめ係を兼任していることもあります。これが話をさらに複雑にしています）。どれだけ事件が起きようとも「障害と犯罪は関係がない」という紋切り型のフレーズを繰り返してそこで思考停止し、予防まで話が進むことがありません。

けれども実際に発達障害のあるお子さんを育てている保護者や現場の方に必要なのは、「真実」のはずです。「予防する」ことのはずです。

実状がどうなのか、本当のところを考えてみたい、という方も多いのではないでしょうか。


発達障害や自閉症のある人は罪を犯しやすいのか？

どういう人が、どういう支援・教育を受けた人が法的リスクを避けられるのか？

障害のある子を、一人の善良な市民として、社会の中で生きていける人間に育てようと日々精進されている方々にとって必要なのは、こういう情報のはずです。


私は成人の発達障害の人たちと交流し、仕事をともにし、そして同時に法被害を受けて民事提訴・刑事告訴したという稀有な一人の民間人として、そのあたりを考察し、社会に還元したいと思いました。

それが今、この本を書いている理由です。

［第二章］

考えてみよう 自閉症者は 犯罪を犯しやすいのか？

1　自閉症者は犯罪を犯しやすいのか？

犯罪と障害の関連がないとする主張の根拠を疑ってみる

何らかの犯罪行為があって、その加害者に自閉症や発達障害の診断が下ったとき、あるいは元々診断のついていた人が加害行為に及びそれが報道されたとき、ギョーカイは声明を発表します。その声明の目的はたいていの場合、加害者を守るためではありません。声明の目的は、「自閉症に偏見を持たないで。自閉症と犯罪行為には関連がありません」と世間に知らしめることです。

こうした声明はネットで発表されることも多いのですが、その裏付けとなる検証にリンクが貼ってあるわけではありません。

一方で、犯罪と障害の関連を研究している研究者の文献は日本語でも英語でも目につきます。

私にしても、自閉症の人全てが犯罪者予備群だとは決して思いません。けれども定型発達者とはかけ離れた認知の不幸な帰結として起きている事件もあるような気はしています。

そもそも一番大事なのは、事件を繰り返さないことのはずです。

再発防止に触れることなく、ただ障害特性とその犯罪が起きたという事実との関連を否定する声明には、何か毎回、物足りなさを感じます。

障害者の支援団体が、本当に社会との共存を望んでいるのかどうか、わからなくなるのです。

犯罪には被害者がいます。被害者の周囲には被害者を愛する人たちがいます。

事件後、支援団体の発表する声明文でこうした被害者やその周りの人々への思いやりの言葉が語られているのを、あまり見たことがありません。ただ、障害ゆえに犯罪が起きたのではないということが毎回強調されます。

起きた事件の特殊性を検討することなく、まず障害と犯罪の関連を否定することにはどういう意味があるのか、いつも不思議に思います。あえて障害特性と不思議な事件の関連を追求しないことで、何か守れるものがあるのかもしれません。けれども頭ごなしに関連を否定する支援者たちの姿を見るとき、「再発防止」を誓う姿勢が伝わってこないのも事実なのです。

多発した犯罪

私がある種のパターンを見出してしまうほど、多数の声明を目にしてきたのはなぜでしょうか？

それは、どれだけつながりを否定しようと、現実にはそれだけ、それなりの数の事件が自閉症スペクトラムの人によって起きているということではないかと思います。

大きな社会問題化した事件の中にも、自閉症絡みの事件が、いくつか見られます。二〇〇〇年以降の事件を、挙げてみましょう。

まず二〇〇〇年、十七歳男子による愛知県豊川市の主婦殺害事件。「人を殺してみたかった」というその動機が世間を震撼させました。

この事件が起きたとき、とってもかわいい自閉症の男の子を育てているお母様が（今は立派な青年として社会の中で生きています）、「自閉症スペクトラムの人が、そういう動機で事件を起こしてしまうのはわかる気がする。うちの子も仕組みを知りたがって機械を分解してしまったりすることがあったから」と言うのを聞いて、ずいぶん潔いな、きっとこういう方のお子さんは犯罪と無縁なのだろうな、と思った覚えがあります。

ちょっとしたベクトルの違いが、大きな犯罪になるかどうかの分かれ道になります。仕組みを知りたい対象が腕時計であれば、迷惑するのは腕時計を分解されたお父さんだけで、被害は家庭内にとどまります。家庭の中でしつけをすればよいでしょう。けれどもその好奇心の対象が人体となると、分解を実行してしまえば明確に犯罪となります。しかもこの犯人は、将来のある若い人は避けたという独自の理屈を披露して社会を恐怖に陥れました
自閉症スペクトラムの若者たちによる事件は、さらに続きます。

佐賀県の少年によるバスジャック事件（二〇〇〇年）、長崎市の中学生による小学生殺害事件（二〇〇三年）、佐世保の女児による同級生殺害事件（二〇〇四年）、寝屋川市の十七歳の少年による母校での教

員殺害事件（二〇〇五年）、タリウムを母親に使ってその経過を記録したという女子高校生による事件（二〇〇五年）、会津若松での実母殺害事件（二〇〇七年）、岡山駅突き落とし事件（二〇〇八年）などがありました。会津若松の事件では、切断した母親の頭部を持って警察に出頭した異様さが、なんとも言えない後味の悪いおぞましさを我々に感じさせました。

母親を殺した少年に矯正施設で発達障害の診断がつき、出所後見知らぬ姉妹を殺し、死刑判決が出たとき「死刑でいいです」というなんとも言い様のない言葉を遺して死刑執行されたケースについては、『死刑でいいです』（池谷孝司・真下周 共同通信社）に詳しく書かれています。

自閉症と犯罪に関連がないという検証がどのようなものなのか、私は知りません。専門家同士でも意見が違っているのかもしれません。

実際、元家裁の調査官である藤川洋子氏などにより触法発達障害者に関する実践を伴った研究なども発表されていますし、矯正教育の場に取材した品川裕香氏、実際の事件と裁判に取材した佐藤幹夫氏など、ジャーナリストによる著作も発表されています。また、元衆議院議員の山本譲司氏の著作や講演を通じて、刑務所の中に障害者が有意に多く、本来福祉につながるべき人たちが獄につながれている実態も知られてきました。

貴重な情報だと思います。

けれども、このように障害者と犯罪との関連に言及する専門家は、しばしば「偏見を助長する」

という非難にあったりすることもあるようです。それが私には不思議でなりません。

そうした研究や報道を担う人々の第一の目的は「再発防止」です。再発防止こそが、社会にとっても障害当事者にとっても共通の利益ではないのでしょうか。

事件が起きると「偏見につながるから報道するな」と規制をかけ、犯罪と障害の関連を躍起になって否定する支援団体と、地道に関連を指摘し再発防止策を探る専門家。どちらが社会に寄与するかについては、歴史の判断を待ちたいと思います。

偏見を助長するのは、事件ではない

そもそも私は、事件の報道が自閉症者への偏見を助長するという抗議に、いつも言いがかりのような印象を受けています。

私は仕事を通じ、一般の人間にしては自閉症の知り合いが多い方ではないかと思います。彼ら彼女らのユニークさを時には楽しみ、時には世界観のずれ、「言葉の掛け違い」（受け取り方の違い）に頭を抱えます。

自閉症スペクトラムの人による事件が起きると、「ああ、『いかにも』の思考回路が起こした事件だな」と思うこともけっこう多いのですが、では周囲の自閉症の人たちを犯罪者予備群と見ているかというと、そうではありません。

当たり前ですが定型発達者にも自閉症者にも、犯罪を犯す人とそうではない人がいます。ただ、「いかにも」の思考回路を彷彿とさせる事件はあると思っています。

そしてそれは、自閉症の人たちに、適切な遵法教育をすることで、予防できることだと考えています。

ですから、障害と犯罪の関連を頭から否定する人たちには、違和感を感じています。打つべき手を打たない、打つ気がないように見えてしまうからです。

問題なのは、犯罪未満の小さな迷惑

では、自閉症の人間に法被害を受けた私が、自閉症者全体を犯罪者予備群と見なさずにすんでいるのはなぜなのでしょうか?

それは、私の周辺には善き自閉症の人たちがたくさんいるからです。

障害があることは不便なこと。人の手を余分に借りなければいけないこともあるでしょう。何よりも、自分が大変な思いをします。できることが普通の人より少ないし、できるようになるためには、人より努力が必要です。その現実をきちんと認める必要があります。ご本人たちも、そして周囲の私たちも。

きちんとそうした認識をして、その上で自分の障害と上手につきあい、周囲に支えられ、そのことに感謝しながら前向きに地道に努力を続ける。そういう自閉っ子が私の周りにはたくさんいます。どれだけ凶悪な犯罪が起きようと、私が自閉症者を「社会で自分なりに生きていこうという志を同じくする仲間」と考えているのは、私の周囲には障害のない人たちと同じように努力する自閉症の人がたくさんいるからです。

けれども私のように出会う自閉症者に恵まれていない人はどうでしょう？

障害特性をありのままにされたまま、周囲に迷惑をかけてもいいのだと開き直っている親子ばかりがいる環境だったらどうでしょう？

こういう話は決してめずらしいことではありません。

クラスに発達障害の子がいる。友だちに乱暴なことばかりする。でも絶対に謝らない。親に言ってもうちの子は障害があるからと全く対処しない。先生もあきらめて手を打たない……。

こういう状況にあり、実際に被害を受けている人が、どこかで起きた発達障害者による事件のことを知れば、「ああやっぱり危険な人たちなんだわ」と思うのも自然なことでしょう。

事件が報道されることによって障害に対する偏見が作られる、とギョーカイの先生たちは懸念なさいます。けれども私は、社会が発達障害者を疎むようになる原因はどこか遠くの場所で起きた事件ではないと思います。

遠くの凶悪犯より、身近な人の迷惑行為とそれを放置している周囲の人々の態度が、「自閉症の人っていやだな」という感覚を育てているのだと思います。

障害を持って生まれたのはその人のせいでもなければ親のせいでもありません。けれども、障害特性だからと他人の権利を侵害しても放っておき、「事なかれ主義」を一般の人々に——ときには被害にあっている当人に――押しつける。そういう姿勢こそが、世間と発達障害のある人との障壁になっていきます。

支援者の本音が見えにくい

自閉症にまつわる認知の偏りを矯正されないままの人をもてあますのは、実は一般社会だけではありません。

成人になってから診断がついた人がしばしば経験することですが、いざ自分の障害を知り、支援団体につながろうと思っても、なかなか見つかりません。

各都道府県に障害名を冠した組織はあるでしょうが、そういう組織は保護者や支援者によって運営されているため、成人当事者の入会そのものを受けつけていないところもあります。

なぜでしょうか？

過去に痛い目にあった経験があるところも多いからです。

つらい思いをして、未診断でわけがわからず育ってきた成人当事者。診断された時点ではまだ、認知の偏りを正すトレーニングは行なわれていません。

これまでのつらい経験の原因の少なくとも一部は、自分の側にもあったはずなのですが、医療や行政の支援などの紆余曲折を経て支援団体の門戸にたどりついた時点で「社会との共存」という視点を欠いた福祉あるいは医療の人によって「君は障害があるのだから頑張らなくていいんだよ。社会が理解して支援すべきなんだ」と吹き込まれている可能性も高いのが現実です。
そして自閉症スペクトラムの認知特性から、おそらくそれを真に受ける可能性も高いと思われます。

そのような状態では、障害者支援をしている「身内」でさえ、もてあますような難しさを持っていることがあります。付き合いづらさを感じさせることがあります。
そしてそういう経験が積み重なると、保護者によって運営されている会は当事者の参加を断るようになります。

療育の世界では早期発見・早期介入を重視しています。そのための組織もあります。けれどもそういう組織に成人当事者が歓迎して迎え入れられることは多くありません。早期介入の大切さをよく知る人たちはまた、早期介入されずに育った人たちの難しさを誰よりも知っている人たちです。

一方でこうした支援団体は、障害について社会に啓発する立場でもあります。障害当事者の扱いづらさをよく知る人たちが社会に向かっては「仲人口」を利かなくてはならない、ここに発達障害を巡る言論の難しさがあります。
そして、自閉症や発達障害のお子さんを現に育てている人たちにとっては、こうした言論の中から自分の子どもの成長に有用な情報を見つけ出す「技」が必要となってくるのです。

障害者を「増やす」ことが支援の拡充なのか？

今のところ私が出版ラインとして展開している本を、私は「修行系」と名づけています。社会に理解してもらうのは大切だけれども、自分の方でもできる努力はしようよ、自分にできる努力はどういうものか自分の脳みそのタイプをよく見つめていいところと支援が必要な部分を見極めておこうよ、というのが基本路線です。

我が子をできるだけ社会《みんな》の中で生きる子に育てたい、障害特性に応じて他人の手を借りながらでも、できるだけ社会の中で役割を果たしてほしい、と志向する方たちに役立つような情報を探して本にしています。

さらに率直に言うと、私は知的障害のない人であれば、なるべく障害者としてではなく健常者の職場で働いた方が有利だと考えるようになってきました（これは私の中で、数年前と考えが違ってきた部分です）。

その理由は二つあります。障害者就労が低賃金・不安定雇用に留め置かれがちなことが一つ。もう一つは、実際に一般就労を果たしている人も出てきたことに気づいたからです。しかも、幸せそうに仕事に打ち込んでいます。

たしかに、知的障害がなくても発達障害のある人が一般の職場で心身の状態を崩さずに仕事しつづけるには、健常者以上の注意が必要です。職場で調子を崩して初めて診断がついたという発達障害の人も多いのは事実です。けれども早期介入し、早いうちから体調管理を覚えることで丈夫になったり、何かあったときの立ち直りが上手になる人もいます。

健常者と伍して働く条件が備われば、得られるのは比較的高い賃金だけではありません。ただ生計を立てるための仕事ではなく、仕事そのものを生きがいにするという生き方が合っている人も中にはいるかもしれません。そういう人が障害者枠にこだわることなく職種を選び、打ち込める仕事につければ、精神的にも安定するでしょう。

そんなわけで私は今、「修行系」の本づくりに力を入れています。

けれどもこれは、もしかするとギョーカイが目指すところとは逆なのかもしれません。

ギョーカイの先生方のお考えは、本人たちに修行を促すというよりむしろ、これまで障害者ではなかった人たちを障害者のカテゴリーに入れて保護されるべき存在だと社会に認めさせる方向に向かっているようだからです。

それが実現することがすなわち、「支援の拡充」と考えられているようだからです。

たしかに、その成果は見られます。よくも悪くも。例えば、従来障害者と思われていなかったお子さんたちが障害者という「地位」を手に入れたため、特別支援学校が、これまでと違ったタイプのお子さんたちでいっぱいになってきたという現象が見られます。「その方が有利だ」と判断をした保護者が、子どもを子どもに無断で「障害者」としているケースさえあります。ある高等養護学校に出かけたときには、普通高校に進学できそうな子どもたちが、障害者枠での就労に有利だと見込んだ保護者にいわば「だまされる」ようにして連れて来られ、入学後そこが特別支援学校だと知って荒れる、という痛ましいお話も先生方からうかがいました。

世知辛い世の中ですから、保護者も安定志向で、子ども本人に無断で障害者としての人生を用意してしまう。これは「社会の理解が進んだ」ことの一つの帰結です。制度的に、それが可能になったということなのですから。

それによって本人たちがより幸せになるかどうかは未知数ですが。そして、これまで支援校のメインの層であった知的障害がある子どもたちの居場所にも侵食することになるといういささかキツい副作用も見られるようですが。

個々が自分の目先の利益で進路を選び、それが積み重なると、全体としてはゆがんでくることもあるということでしょう。

もちろん特別支援教育には、まだまだ足りないものがたくさんあります。質的にも、量的にも。その拡充を訴えることはよく理解できるのですが、それがこのように「従来障害者ではなかった人を障害者枠に組みこんでいく」方向に進んでいくのがあるべき姿なのかどうか、よくわからないところがあります。

なぜならば、支援者たちの訴える発達障害者像には一貫性がないからです。アインシュタインやエジソンといった偉人が引き合いに出され、天才との関連が持ち出される一方で、障害のある人に多くを求める社会の要請を「障害理解がない」、ときには「差別的」とまで表現します。

犯罪と障害特性は関連がないと主張しながら、警察や裁判所が健常者と同じように障害者の罪を裁くと「差別」ととらえます。

社会にどうしてほしいのか、さっぱりわかりません。私がわからないくらいなのですから、自閉症に格段の興味のない一般の人々が理解するのはとても難しいと思います。

実は多くの人が、言いたいことを言っていないのかもしれません。

講演会では自閉症者が（あるいはその保護者が）世界の中心であるべきだとでもいうような勢いで話していた支援者が、著書では全く別の顔を見せていて驚いたこともあります。当事者に規範を教えることの大切さを説いていたり、親の育て方次第で子は変わるといった「一般的な正論」を展開していたりします。支援者や研究者が本音を話しにくい世界なのかもしれません。

自閉症には、その症状が親のせいにされてきたという悲しい歴史があります。

その副作用として、少しでも「親次第」だとにおわせるような言論が抑えこまれがちです。けれどもここにこそ、突破口が見出せることも多いのです。自閉症に生まれたのが親のせいではないにしても、その後の働きかけの影響が大きいのは確かだからです。

あるべき支援像を巡って「手さぐり」が続く

結局、障害の特性も様々な自閉症・発達障害の人にとってどんな人生が幸せなのか、専門家も含めて手探りの状態である、というのが実情ではないかと思います。

才能に恵まれた発達障害の人が多少ストレスが多くて責任が重くても、修行をして才能を磨いて、その才能を活かせるような「狭き門」を狙った方が幸せなのか？　あるいは余力の残るような仕事にとどめておいた方が健康上いいのか。知的に境界域にいる人たちは特別支援学校に行った方がいいのか、あるいは普通の学校に行った方がいいのか（これはまた、知的能力以外にその人がどういう力を持っているかも関係してくるでしょうけれど）。

多くのケースで、正解というべきものが見つかっていないのが現状なのだと思います。

確かなのは、まだ結論が出ていないのだからこそ、当人と保護者が（支援者の敷いたレールに乗るのではなく）自分で道を選ぶのが、おそらく一番後悔がないだろうということです。

予算分捕り合戦での不利な戦い

重度の知的障害がある人の生き方も、社会の激変の中で変わっていきつつあります。

知的障害があるといっても、きらめくような賢さを見せることがあるのは事実。ならば彼らもこの社会でなんらかの役割をもった方が幸せなのか？　あるいはあくまで弱い存在として、保護に伴なう制限された生をまっとうすべきなのか、本当のことは誰にもわかっていないのが現状なのだと思います。

そうやってあるべき支援像を探り続ける間にも、我が国の国力は落ちていき、そして超高齢化社会の訪れと共に、社会保障費の増大が国庫を直撃する。その中で各セクターが予算分捕り合戦で戦わざるをえず、発達障害支援の世界もそこに参戦している。

より支援に関する知識がある国々――当然ですが全て先進国――でも予算分捕り合戦はあり、それぞれの国で自閉症の関係者が戦っている。けれどもそうした支援先進国と我が国では、決定的に戦い方が違う点がひとつあります。それは、「この障害の支援にきっちり予算をつけることは、社会の安定に役立つ」という論法を使うことが許されてはいないことです。少なくとも、表立っては。

この国では、あくまで「本人とその家族のため（だけ）の支援」の必要性が強調されます。先進国で普通に展開される「予算をつけて早く介入した方がソーシャルセキュリティにも寄与する」という論法を何かへの遠慮で、使うことができません。

それでいて予算は勝ち取らなくてはいけない。ただし自閉症者のもつネガティブな面を社会に気づかれてはいけない。あくまで、善良な人々としてマーケティングしなければならない。

けれどもクラスメートを殴る子や、偏執的に特定の人物に固執する大人はあとを絶たない。

その上実は、支援する人々自身が当事者をもてあましていることも多い。

支援者の人たちはその現状を「社会が理解しないからだ」と、説明します。けれどもはっきり言っておきましょう。この説明は現時点ではあくまで「仮説」にすぎません。本当に社会が理解がないから、自閉症者の中に付き合いづらい人が多いのでしょうか？　彼ら自身の中に、「付き合いづらさ」は皆無だというのでしょうか。そしてそもそも、自閉症者の側には適応努力は不要だというのでしょうか?

適応努力を実行している人もいます。私は苦労しながらもなんとか仕事についている成人の当事者の方たちと交流があります。そして非正規雇用であれ自由業であれ、なんらかの仕事についている人で、長期の不登校をした人はいません。なんとか仕事をしている人は、なんとか学校に通い続けた人たちです。「障害に理解がない時代」だったとしても、通い続けたことには意味があったわけです。

むしろ「障害理解の進んだ」今の方が、障害のある子を無理矢理学校に通わせるのは残酷だと支援側が平気で口にします。そして、そう言われるのに安心して不登校を貫く人も、中にはいるかもしれません。けれども、知っておかなくてはなりません。不登校の結果、高齢化した引きこもりになっても、支援者が一生仕送りをしてくれるわけではありません。

不登校の結果を引き受けるのは本人です。本人の未来です。最終的に責任を負うのは支援者ではなく本人と保護者です。このことは、覚えておいた方がいいでしょう。

そもそも、「障害に対する理解」ってなんでしょうか?

たまたま誰か自閉症の人に固執されたら(それがまさに私の身の上に起きたことなのですが)、相手の望むがままに(こちらの人権を制限しても)合わせてあげなくてはいけないのでしょうか?

もしそれが、支援の世界が想定する「社会の理解」だとしたら、社会がそれを受け入れることはありえないでしょう。

2　どういう自閉症の特性が、社会にとって危険なのか？

「犯罪と障害は関連がありません」と断言していいのか？

「犯罪と障害は関連がありません」

こういう断言には戸惑いを覚える私ですが、前の部でも触れたように、とうてい罪を犯しそうにないタイプの発達障害の人もたくさん身近にはいます。一方でそういう人たちが、クラスの中で、自助会で、あるいはネット上で同じ障害を持つ仲間から攻撃されているのも見ています。障害者の人たちの間でもまた、加害・被害があるのです。

精神科医の井出浩氏は『触法発達障害者への複合的支援』（藤川洋子・井出浩編・著 福村出版）の中で、「触法障害者を生み出さないことも、触法障害者支援だと考えます」と書かれていますが、私もその通りだと思います。

私は自閉症スペクトラムの人たちのことを、支援の世界の主張よりも「やればできる」人たちととらえています。そして何よりも「言えばわかる」人たちだととらえています。ただ、もちろん定型発達者にするのとは異った説明が必要ですが。

支援の世界では、自閉症スペクトラムの人たちは傷つきやすい人たちであるということになっています。実際そうなのかもしれません。定型発達者には考えられないほど身体と心がつながっていて、心の落ち込みが即身体に出る例もよく見ます。そしてこれが不登校や引きこもりなど、社会に参加できない現象につながっていき、社会性を身に着ける機会を失うという悪循環が始まります。

でもこれは、ひっくり返して考えてみればいいと思います。心の落ち込みから早く回復する術を身に着ければ、身体の不調も軽く済みますし、社会との接点が途絶えることがなければ、それだけ足りない社会性を後づけで学ぶ機会も増えます。

「レジリエンス」という言葉をご存じでしょうか？ 日本語では「回復力」などと訳されているようですが。たとえ障害は一生治らないとしても、レジリエンスがあれば、二次障害をこじらせることなく社会の中で生きていけます。二次障害を避けるのではなく、なってもすぐにそこから立ち直ればいいだけの話です。

発達障害の世界に携わるうちに、私にはそうやって立ち直る人々との出会いがありました。社会や親、周囲の人間に深い恨みを持っていても、自分の思い違いに気づき、社会に寄り添う生き方を選んで健やかになった人々との出会いがありました。

犯罪と障害の関係を頭から否定することに疑問を持った理由の一つがそこにあります。自閉症の人には、学習能力があります。教えれば、わかる人たちです。ならば自閉症の脳みそに合わせた遵法教育の必要性を認めてそれを実行した方が、社会にとっても本人にとってもいいだろうと思うのです。

そして、くわしくは次章に譲りますが、私が自閉症者相手に裁判を起こしたのにも、そういう意味合いがありました。加害者が自閉症者「であるにもかかわらず」ではなく自閉症者「であるがゆえ」に、私は民事と刑事、両方で訴訟を起こしました。

加害者は専門医に自閉症と診断されていましたが、暴れまわる様子を見て、「あれは別の障害なのだ」と「村八分」にして自閉症者の名誉を守ろうという動きもギョーカイにはありました。けれども私自身は、自閉症の性質が前面に出た加害行為だったと思っています。その意味で私は、自閉症者の法的リスクを身をもって体験しました。

では、どういう自閉症の性質が犯罪に関連がある、と「私は」考えているか？　それをお伝えしていきましょう。

「人の気持ちがわからない」ことが即加害に結びつくのだろうか？

メディアで自閉症スペクトラムについて簡潔に説明されるとき、まず使われる説明が「人の気持ちがわかりにくい」という特性です。犯罪が起きたときにも、まっ先に使われるのがこの説明です。たしかに日々のやりとりの中で、びっくりしたり、あきれたり、笑えてしまったりすることはあります。

けれども、その性質が即加害行為につながるとは私には思えないのです。

ただ、いざ加害行為を起こして司法の判断を受けるときには、この「人の気持ちがわかりにくい」という特性が、不利に働くとは思います。なぜなら「反省」が苦手だからです。「反省はしていてもその表し方が下手なのだ」とおっしゃる専門家もいますが、私は全ての人が実は反省できているわけではないと考えています。中には真底反省の苦手な人もいると思います。というか、率直に言ってかなり多いと思います。

またたとえ反省しても、我々の考えている反省とはかけ離れている場合も多いのではないでしょうか。


自閉症の人々はたしかに、取り調べの場面で不利なようです。多くの支援者が、ここに危機感を抱いています。それは司法が反省の有無と再犯の可能性を結びつけて考えているからなのでしょう。

私は、藤川洋子氏の著作で「反省なき更生」という言葉に出会い、膝を打つ思いでした。再犯防止に反省が必須だというのは、ある意味定型発達者の文化の中での常識に過ぎず、異文化である自閉症の人の場合には、反省がなくても更生は可能だと思います。自分も、それを根幹にすえて自閉症者相手の裁判に臨みました。

反省を見せない、との不満が司法側にあってそれが判決に加味されるとき、「反省はしていても表せないのだ」と支援側が反論することは、あまり的を射ていないように私には思えます。それより、反省なき更生の例を、自閉症支援の、自閉症をよく知る方々から世間に見せていただきたいと考えています。

「人の気持ちがわからない」とは「心の闇」というほどのものではない

さて、自閉症スペクトラムの人の特性と言われる「人の気持ちがわからない」とされる現象について、さらに考えてみたいと思います。

事件と関連した文脈でこの表現が出てくるとドキッとするのですが、実際にはそれほど恐しい現象ではないと私はとらえています。

脳科学は、自閉症の人がなぜ他人の表情を読みにくいか、神経回路形成の面からも、説明を見つけつつあるようです（英医学誌『BMC Neuroscience』に発表された京大の研究等）。表情が読みにくければ気持ちがわかりにくいのは確かでしょうから、たしかに「気持ちがわかりにくい」という性質が自閉症の脳にはあるのでしょう。けれどもそれがイコール「気持ちをわかろうとしない心知らず」だと解釈することは誤りだと思います。

人の気持ちをわかろうという意欲がある自閉症スペクトラムの人もいます（もちろんこれも人によりますが）。ただ、体感その他が大多数の人と違うので、その気遣いが空振りすることもあります。その空振りを見逃さないのも、我々のできる支援ではないかと考えています。

私の体験談を一つお話しましょう。

自閉症スペクトラムの当事者ニキ・リンコさんとジョイントで講演に行ったときのこと、控室に入るとペットボトルのお茶とビニールの筒に入った紙コップが用意されていました。ニキさんはビニールの筒をあけて紙コップを一つだけ出すと、私の分は出さずに再びビニールをきゅっとしばってしまいました。私は文句を言いました。

「なんでしばっちゃうのよ。私の分も出してくれればいいのに」

「え、出したら悪いと思ったの」

「なんで?」

そして私はニキさんに説明をしてもらいました。自閉症スペクトラムの人にはありがちなことですが、ニキさんも空腹や喉の渇きに気づくのが上手ではありません。だから他人に飲み物を出されると、身体的な要請がなくても、「飲み物がある」という視覚に引っ張られて飲み物を飲んでしまうそうです。

だから私の分まで紙コップを出さないことはニキさんなりの思いやりだったのです。頼まれてもないのに(実際私は頼まなかったのです)紙コップを私の前に置いてしまうことは「オラオラ、俺の酒が飲めねーのか」とインネンつける酔っ払いに等しい行為だったのですね、ニキさんにとって。思いやる気持ちはあったのです(同じ自閉症スペクトラムでも全員がそうだとは思いませんが)。でも空振りしていた。ニキさんと私は、そこでまた紙コップをきっかけに異文化交流ができ、コミュニケーションの障壁を一つ取り除いたのでした。

自閉症スペクトラムの人はたしかに人の気持ちがわかりにくいかもしれない。でもそれは自閉症スペクトラムの人のなかに、そもそも人間が（自分を含めて）血肉を持った存在だというのがつかみにくい人たちがいるからではないか、というのが私の今のところの見解です。そしてその根っこには、ニキさんのように自分の体感すら自然にはわかりにくいという定型発達者とは違う体性感覚の問題があるように思えます。

いずれにせよ強調しておきたいのは、「人の心がわかりにくい」＝「悪意を持った人でなし」ではないということです。このあたりを一般の人々のみならず支援者や保護者ですら混同してとらえていることが多いために、障害について過度に卑下してしまうことになってしまっているのもよく見かけます。

身体的条件が違えば気持ちがわからないのは定型発達者同士だって変わりません。そこそこうまくいっている夫婦だって「女ってわからんな」「男って何考えているのかしら」とお互いに謎に思っているなんていうのはよくあることでしょう。それでもそういうものだとわかっていれば、なんとか折り合いをつけていくものです。

お互いに悪意ある深読みをしている

自閉症スペクトラムの人々（とくに成人）と一般社会の人々はしばしば、お互いに実際以上の「悪意ある解釈」をしています。私にはこれがもったいなく見えます。もっと率直に話し合えばいいのに、と思わされることもよくあります。話し合えない原因の一つが、定型発達者側の「弱者と決めつけての腫れ物扱い」にあると考えています。そして福祉・教育の世界ではこの「腫れ物扱い」という接し方に人気があるようです。そのせいで、障害を本人に告知することさえためらう人もいるようです。

自閉症スペクトラムの藤家寛子さんは著書の中で障害告知についてこう書いています。

＊＊＊＊＊

「診断告知」について考える

最近、定型発達の人の配慮で、告知を受けていない子どもたちがたくさんいると知った。

当事者の私からすれば、何に配慮しているのかが分からない。

告知後の心のアフターケアをすればいいじゃないか。

告知はなされるべきだと私は思う。


例えば障害により、苦手とするところがあったら、その子はそれを補う術を身につけなければいけない。

しかし、なぜ苦手なのかが分からないまま努力を強いられるのは辛いだろう。

自分の不得意なことについて、理由も知りたいと思う。

告知をすれば、腑に落ちることがたくさんでてくる。それは、安心へとつながる。自分は人より劣っているわけではないのだ。努力不足でできないわけではないのだ。この気持ちを知っているか、知らないかで、心の余裕の差が大きく開く。余裕を知っている子は、目標達成のために全力を注ぐことができると思う。

（藤家寛子 著『30歳からの社会人デビュー』より）

＊＊＊＊＊

自閉症は恥ずかしいことではないと本当に支援者の皆さんがお考えならば、きちんと告知して、世界の切り取り方が違うということを踏まえて、相互に理解を深め合う歩み寄りをすることが、共存につながると私は考えています。

暗黙の了解がわかりにくいということが加害行為につながるか？

事件報道のときによく、「アスペルガーの人たちは暗黙の了解がわかりにくい」という説明も見かけます。これはどうやら本当のことのようです。うちの本ではむしろその性質から来る笑えるエピソードでその性質を伝えています。

『自閉っ子、こういう風にできてます！』という本の中には、「ご飯食べに行きましょうか？」と誘われたとき、自閉症スペクトラムの人たちがその言葉をどうとらえているかについてのエピソードを載せました。この本の中で私は、「ご飯食べに行こうね」と誘われたけれども一向に具体的な話に進まず戸惑っている藤家さんにこういう説明をしています。

＊　＊　＊　＊　＊

浅見　「ご飯食べに行こう」って言われると、どう感じます？

ニキ　最初の頃、「おかずは食べないのかな」って思いました。

藤家　私は相手の人が米粒に見えました。それで浅見さんに「ご飯食べに行こうって言われたんですけどいつ食べに行くか訊いた方がいいんでしょうか」って訊いたんですよね。そうしたら「『ご飯食べに行こう』っていうのは『今度楽しい時間を持とうね』っていう意思表示であって、必ずしもご飯は食べないかもしれないし、食べても米粒じゃないこともある」って教わりました。

（ニキ・リンコ／藤家寛子 著『自閉っ子、こういう風にできてます！』より）

＊　＊　＊　＊　＊

相手が自閉症スペクトラムだとわかっている場合は、なるべくわかりにくい社交辞令は使ってもらいたくないし、いったんそういう言葉を口にしたのなら、きちんとご飯食べに連れていってもらいたいものです。人によっては、「ウソをつかれた！」という思い込みに転じ、こういう体験が重なって社会への恨みにつながっていくのですから。

「今度ご飯食べに行こうね」と誘われることは、たとえそれが実現しなくても相手が好意を示してくれたということです。それを知らないと、実現しなかったとき、恨みの気持ちだけが残ってもおかしくありません。

暗黙の了解がわかりにくいのは不便なことではありますが、手を打てることです。暗黙の了解を見えるようにしてあげればいいのですから。

そのためにも、障害告知が必要だと思います。

では、どんな特性が加害行為に結びつくのか？

自閉症者による法被害を受けた私ですが、これまで述べてきたように、事件報道のたびに持ち出される「人の気持ちがわからない」、「暗黙の了解がわかりにくい」という特性、すなわち我々が短絡的に「心の闇」ととらえてしまいそうな特性が、実はさほど深いネガティブな意味合いのあるものだとは考えていません。

では、どういう特性が他者への刃となりやすいのでしょうか。とくに、成人の高機能群の人々において。

事件を誘発する心情。私はそれは、社会に対する恨みの気持ちだと思います。

これを抱いている人が、何かがきっかけとなってそれを特定の個人に向けて行動化するとき——その行動化が一定のレベルを越えたとき——それは加害行為のかたちを取ります。すなわち、被害者が生じます。

そして自閉症の認知を持っていると、「恨み」を抱かないですむべきところで「恨み」を抱いてしまうリスクが高いと思います。不道徳なわけでも「心の闇」を抱えているわけでもなくても。

また我々のように、一面識もない人間が、わけのわからない理由で被害者になることもあります。そもそも、常人にはわかりにくい因果関係の帰結として、被害者が選ばれるからです。

その上、自閉症の人にはしばしば、「見えないものはない」という独特の認知もあります。

我々は、涼しい顔をして成功を収めている人を見てもただちに「ずるい」とは決めつけません。「見えないものも、あるかもしれない」という認知特性をもつ我々は、陰で努力しているのかもしれない」という可能性を頭の片隅に取っておきます。

そもそも、自分の努力や苦労は自分が我が身で味わっているけれど、他人の努力や苦労はしょせん他人事で、肌身ではわかりません。そういう経験を積んでいると、さほど他人を「ずるい」と決めつけずにすみます。

自閉症スペクトラムでありながら自分ではそうと知らずに育った人は、自分ではわけのわからないままに「つまはじきにされてきた」歴史を持っています。

自分が多数派の文化とは異なる（決して「相入れない」ではなく「異なる」）脳みそを持っているとは知らなかったがゆえに、むしろ過剰に適応しようとして、それでもどうしてうまくいかなかったのかわからずに苦しんだ歴史を持っていることもあります。

つまり、空しく努力してきたために、「努力は無駄なもの」と誤った学習をしていることがあります。実際にはこれまでの努力の方向性が間違っていただけだし、努力せずに成し遂げられることなどこの世にないのに。

もしかしたら、「自分の努力だけは実らない」と思い込んでしまっていることもあるかもしれません。

世の中への無駄な恨みを解きほぐすためにも、障害告知は必要だと思います。

「障害者」になることのデメリット

ところが「障害者」として認定されることで、世の中の仕組みについて脳に合った教え方をしてもらえる人ばかりではありません。むしろ、障害者だとわかった途端に「努力の主体」であることを否定される人が多いのも事実なのです。しかも、善意で。

なぜでしょうか？

晴れて「障害告知」を受け、まず接触する支援者と呼ばれる人たちの仕事は、社会に働きかけ、社会から差別を取り除いていくことです。そして不思議なことに、中には障害のある人たちもまた、社会の一部であるという意識が薄い人たちがいます。この人たちにとっては、（たとえば司法の場で）健常者と同等に扱われることが差別だし、入社試験での適性の見極めなど社会が行う「選択」すらも「差別」に置き換えることがあります。

本人を努力させるのではなく社会に譲歩を求めていく、それを自分の仕事にしている人たちもいます。

もっともすべての障害者や保護者が、この支援者たちの言い分を真に受けているわけではありません。その考えでは社会に通用しないと考えている保護者も当事者もいます。

就労支援のセミナーに出かけ、支援者の「当事者に努力させてはいけません。企業が理解し配慮すべきです」というご高説を聞いても、「それじゃあうちの子ニートになっちゃうわ」と修行の道を選ぶ保護者もいらっしゃいます。

自分の親が、発達障害の特性を持つきょうだいをきちんとしつけず、放置したため悲しい思いをしたけれども、その連鎖を自ら断ち切った方もいます。幼い頃、発達障害の特性の強いきょうだいのため家の中は荒れ、恐怖の中で生活していた。だから授かった我が子に障害があるとわかったとき、修行の道を選ぶのにためらいはなかった。そういう体験談を読者の方が送ってくださったとき、次のようなブログ記事を書きました。

＊＊＊＊＊

悲劇の連鎖が終わり、修行の連鎖が始まる

幼いころ、苦しんでいた。
今考えると、発達障害の特性の強いきょうだいの横暴に。
不登校となり、家では暴君となり、
家族から金を引き出し、暴力をふるう。
世間体を気にする両親は、どこにも助けを求めない。
ただただ、あるがまま。横暴を放置するだけ。親としての躾を放棄していた。

いつか家を出よう。それだけ決心していた。

ついにそのきょうだいが司直の手にかかり、矯正施設に送られたとき、
正直言ってほっとした。

大阪の事件（編注：肉親を殺したアスペルガーの男性が裁判員裁判で長期の懲役の判決を受けた事件）を知って、他人事には思えないとメールをくださった読者の方の体験談です。


大人になって自分の家庭を築き、発達障害の特性のある我が子を授かったとき、迷わず修行の道を選んだ。

今ではご家族で、花風社の本を愛読してくださっている。

大地君の本を読んだお子さんから、

「僕も人の役に立つ大人になります」とお便りをいただいたこともある。

もし大人になったとき、お会いすることでもあれば、そのお子さんにこんなメッセージを送りたいな。


ママは小さいとき、つらい思いをした。

だからこそあなたに、修行できる環境を整えてくれた。あなたが幸せに、社会《みんな》の中で暮らせる大人になるように。

ママは強い人だ。つらい体験を力に変えた。そして悲劇の連鎖を自分の代で断ち切った。

君もいつか、人の親になることがあったら
障害がある子でもない子でも授かることがあったら

ママとパパが築いてくれた修行の連鎖をつないでください。

（浅見淳子ブログより）

＊＊＊＊＊

障害があることの最大のリスク。それは「仕方がない」と周囲にあきらめられることです。努力して成長していく一人の主体だということを、一番愛してくれるはずの人たちによって否定され、成長の機会を得られないことです。時に、それは連鎖します。

虐待も、貧困も連鎖すると言われます。このように、未診断で放置されていたままの発達障害特性で、家族の中で傷つけ合ってきた連鎖もあるのでしょう。

けれども、現在は連鎖を断ち切ることもやりやすくなっているはずです。「障害理解の拡充」とは、そちらに向かっての動きであるべきなのではないでしょうか？

本来頑張る力のある人に、頑張らない人生を用意することではなくて。

では高リスクな人たちとは？

本人たちに努力を促すことなく社会に譲歩を求めるのは、支援者たちの理想論に過ぎません。その理想論と現実をきっぱり見分け、障害のある人自身が支援を受けながらでも社会での立ち位置を自分で決めた先にしか、「社会との共存」はありません。

けれどもその理想と現実の見分けが上手でない人も結構いて、その人たちは社会に寄り添うことを放棄していきます。寄り添うことを、屈辱とすら感じる人もいます。そういう人が誤った因果関係に基づく恨みを誰かに向け、それを行動化したときに、被害者が出ます。それが私の身に起きたことです。

誰かを何らかの理由で恨み、その他人に度を外れた固執をする。その誰かの不幸を願い、その実現に向けて行動する。そのとき、他人にも権利があること、他人にも主体があることは忘れてしまう。元々それは「見えない」のだから。

こういう流れで起きたこの事件には、加害者に自閉症の特性が色濃く出ていました。障害と犯罪の関連を否定したい人たち、そこから目を背けたい人たちがいかに異議を唱えようと、私は自閉症の人により、その特性から加害行為をされた事実を今後も一切否定するつもりはありません。

そして今になってあの事件のことを一冊の本にまとめておく気になったのは、その事実から目を背けることなく、障害のある子を社会の中に送り出そうという志を持った人々が確実にいることがわかってきたからです。今の私は、情報提供を生業とする者として、そういう情報を求める人がいる、と手応えを感じているからです。

では私は、なぜ自分の受けた被害を司法の場で解決しなければならなかったのでしょうか？

もっと穏当な手段は執れなかったのでしょうか？

どうやら事件を振り返る時が来たようです。

［第三章］

何があったか

奇妙なこと言って回る人がいる

最初から、奇怪な話でした。

一番初めにこの話を聞いたのは、知人からだと思います。「ニキ・リンコは実在しない。花風社の浅見淳子が偽の自閉症者を演じて詐欺を働いている」というメールを送りつけたという人物の存在を、教えてくれました。

それとほぼ時を同じくして、別の出版社の編集者から、同内容の郵便物が届いた、という知らせが来ました。

両方の知人とも、私たちのことを考えて知らせてくれたのだと思います。お二方とも、「大変なことだ」と焦っている感じが伝わってきました。

けれども実を言うと、そのことを聞いても誹謗中傷されている私自身は、「変なこと言う人がいるなあ」としか思いませんでした。その情報にアクセスもしませんでした。

お二方に比べて、私は発達障害の世界に新参者でした。だから、まさか、それを本気にする人がいるとは思わなかったのです。あまりに荒唐無稽な言いがかりだからです。

けれどもそういうことでも、本気にしてしまうという特性がある人がいると知ったのは、ずっと後のことです。

『自閉っ子、こういう風にできてます！』のヒットをきっかけに、「掛け合い漫才」（ニキさんと私のジョイント講演会）に呼んでいただく機会が増えたあとのこと。

ある土地に行ったときには、「今日は寝込んでいる当事者の方がいる」という話を聞きました。そのころも自閉症者Xがネット上で展開していた「ニキ・リンコは実在しない」という説を信じ込んでいた成人の高機能の当事者が、よりによって自分の地元にニキさんが私と同時に現れるということを知り、混乱して寝込んでしまったというのです。

おかしなことで寝込む人がいるんだな、というのが私の感想でした。気の毒だけど、そのくらいで寝込むことはないだろう、と。

その後も時折、この人物がネット上で展開している誹謗中傷のことは耳に入ってきました。けれども、発達障害の世界以外の人が見ると、どうやらまともな人が書いている書いているとは思えないホームページらしい。我々を身近で知る人物であればあるほど、内容は信じないのでした。

「ハイパーりちぎ」（ニキ・リンコさんの造語）に情報を、嘘か本当か吟味しないままに（できないままに）

受け取ってしまう自閉脳の人の間には信じた人もいたこと、本当にニキさんが存在するのかどうかを巡って一部で混乱が起きていたことに、私はぴんと来ていませんでした。

どういうわけだか、こういうでたらめを脳内でこさえて、信じてしまっている人なのだろう、と思いました。

やがてこの人物の主治医が、発達障害の世界では有名な医師だということを知りました。どうやらその医師に診断されたのが自慢で、診断書を送りつけては他の当事者に威張っているらしい。

私はそれを聞いて安心しました。そんなにいい先生についているのなら、その妄想もそのうち治るだろう、と。

私はそのころ知りませんでした。発達障害における黎明期の有名医とは、事態をよくすることではなく、「発達障害を理解してください」と社会に訴える講演や著作で有名になっていった人であるということを。

事態をよくする医療や支援は、むしろよそに存在するということを。

そう、この事件をきっかけに私は「治せる」医師の本を出したいと考えるようになり、のちにそれを実現することができました。

大暴れ期と景気

こうやって、二〇〇八年まで経ってしまったのでした。

その間こんなホームページがあるよとメールで知らせてくれる人はいましたが、社業は順調で、本はよく売れニキさんと二人で講演に行く機会も多かったので、私は「同一人物だなんて信じる人はいないだろう」と楽観的に考えていました。

そんなときに、この人物を診断した医師の経営するクリニックから、一通の封書が届きました。私は「おお、ついに何か説明してくれるのかな」と思ってその封書を開きました。けれどもそうではありませんでした。それは同じクリニックに勤務する別の医師からの、全く無関係な（そして礼を欠いた）依頼でした。

私は「この依頼は非礼です。そしてそもそも、うちはおたくの患者に迷惑をかけられています。そのことに対する説明がない限り、依頼にこたえるつもりはありません」と返答しました。

それを聞いた別の支援者から電話がかかってきたのは、二〇〇八年十二月二十六日のこと。

これをなんで覚えているかというと、四年前のその日、インド洋大津波が来たプーケットの浜辺に、私たちは津波が来た十分後にのこのこ降りて行ってびっくりしたという命拾いの記念日だったからです。

それ以降、なるべくこの日はインド洋沿岸にいるようにしていたのですが、その年に限ってタイの内政混乱のため、国内で年越しすることを選んでいたのでした。

札幌で電車を待っているときに来た電話。だからはっきり覚えているのです。

そろそろアクションを起こさないか、というのがその支援者からの提案でした。

「でも特に私たちは気にしていませんし。時々『これ本当ですか』という問い合わせのメールが来たりすると『嘘ですよ』と答えてはいますが」

「問い合わせしてくる人はまだいいけど」と支援者は言いました。中には脳みその特性から、本気にしてしまう人もいる、と。「見えないものは、ない」認知を持つ人たちですから、そうかもしれない。

「それに若い人たちに見本にならないでしょ。ネットの使い方として」

まあそれはそうですね。でもそれなら、支援業界として援助に乗り出せばいいんじゃないですかね。どうして一私企業の花風社に「若い人へのネットの使い方」を教えるために費用負担を強いるのだろう、というギョーカイへの疑問が頭をもたげました。

どうやらこのとき、Xは大暴れ期に入っていたようです。

Xの大暴れ期は、景気とリンクしています。リーマン・ショック以降、自営業の仕事が減って、ヒマになって大暴れ期に突入したのではないか、というのがあとからの私の想像です。

自閉症の人の心身の安定と「やることがあるかどうか」は大いなる関連がある。これは私が藤家寛子さんをはじめとする「立ち直っていく成人」の例を見ても学んできたことです。

Xは十年間、一貫してこのおかしな言論活動を続けてきたようです。けれども時期的に濃淡がありました。それは仕事がうまくいっているかどうかと関連があったのではないか、と私は想像しています。

そしてそれは、他にやることがなくてネットに張り付いて暇つぶしをしているうちにトラブルに巻き込まれていく他の当事者にも共通していることかもしれません。

そこで私は、Xのサイトをよく見てみました。

全く見知らぬ人物の写真が貼ってあって、それが私と夫だと主張していました。

そして虚偽の内容は、「ニキ・リンコ同一人物説」に限定されていませんでした。詐欺・学歴詐称・悪徳商法に手を染めている、といった嘘八百の誹謗中傷から、在日・創価学会員、といった事実無根の主張まで、ありとあらゆる悪口がてんこ盛り状態でした。、しかも、一回も会ったこともなければ関わったことのない私たちを、これでもかこれでもかというほど口汚く罵っているのでした。

繰り返しますが、私はこの時点で（そして今も）Xに一面識もありません。全く見知らぬ人物からこれだけの非難を受けるのが（しかも家族まで巻き込んで）実に不可解でした。

私たちは札幌から都内に戻り、大晦日には力士のついたお餅を食べました。都内で木遣りを見たり、江戸情緒たっぷりのお正月を楽しみ過ごしましたが、休暇後確認するとXは元旦の早朝から私たちへの誹謗中傷をブログにアップしており、その暗い情熱には背筋が寒くなりました。

「訴訟を起こそう」

さすがにもう放っておいてはいけないのではないかと思い始めた二月。とりあえず住所でも抑えておこうかなと考えはじめたとき、願ってもないチャンスが向こうからやってきました。

Xの方から、内容証明が舞い込んできたのです。これで期せずして、なんの苦労もなく相手の住所が手に入りました。「これは訴訟を起こせという天の声だな」と私は思いました。

内容証明も荒唐無稽なものでした。ニキ・リンコ、泉流星（花風社で本を出したことのある別の著者）の二人が実在するかどうかを考えて、自分たちは夜も寝られず体調を崩している。ひいては二人及び二人の夫の身分証明書（パスポートや源泉徴収票など）を提出せよ、というのです。

Xは役所でもないのですから、そんなものを見る権利はありません。私はこのときには柔らかい調子で「見せることはできないので見たかったら法的手続きを取ってください」という返答を出しました。

そして、弁護士選びに入りました。

「こういう人は訴訟に耐えないでしょう。責任能力があるとは思えない」と断ってきた弁護士がいました。

「自分としてはやりたい案件だけど、相手は精神障害の手帳を持っている人だから、事務所で会議にかける必要があります。ただし刑事事件化は無理ですね。民事だけなら」と別の弁護士には言われました。そもそも民事専門の弁護士は、刑事事件に詳しくないようでした。

最終的にこの案件を引き受けてくださったのは、刑事事件に詳しい元検察官の先生でした。このあたりのことは私の前著『自閉っ子と未来への希望』にも書いてありますが、「刑事責任を問える」という力強いお言葉に私は救われました。

精神障害の手帳を持っている人が、何か加害行為をしたとき、その責任能力の有無について無責任なコメントを評論家気取りでする人がいます。私もかつて、そういうことをやったことがないとは思いません。けれども被害者の立場に立ってみれば、相手に責任能力がないから……という議論ほど空しく腹の立つことはありません。それならば健常者は障害者に何をされても、じっと我慢するしかないのでしょうか？

もしそうだとしたら「障害者は危険だから閉じ込めておけ」と社会が要求しても不思議ではありません。

だから障害のある人だって、加害行為をした場合にはそれなりの責任を取ってもらうのが、障害者と健常者の共存への近道のはずです。

それを支援の世界へ伝えるためにも、裁判を起こそう。

せっかく「民事も刑事もできる」という弁護士の先生が見つかったのだから、両方やってみよう。

そうやって私たちは準備に入りました。

その間、相手からどんなアプローチがあっても接触してはいけない、と弁護士の先生に言われていました。

実は私の性格上、ここが一番きつかったと思います。私にとって攻撃がますますひどくなってきた中で、「やり返さない」ということはストレスになりました。

というのはその後、Xは迷惑電話を一日に数十回、かけてくるようになったからです。これだけでも立件できるのではないかと途中までは電話がつながるようにしておきましたが、さすがにわずらわしくなったので着信拒否しました。

準備が終わって、訴状を東京地裁に提出したのはゴールデンウィーク前のことでした。

訴状が届くとまた攻撃が始まるだろうと、私たちは予測して札幌に避難することにしました。

弁護士の先生は訴状を出すと同時に、「訴状を提出した、迷惑電話にも法的責任は伴う」という警告の内容証明をXに向けて出してくださいました。すぐにXのサイトには、訴訟を起こされたという話が載りました。「望むところだ。これで真実がはっきりする」とか嘯《うそぶ》いておりました。後日裁判の間に、実は本当に訴訟を起こされたときにはびっくりしたと供述するようになりましたが。

自分勝手な要求には折れない

それでも社会性の障害がある自閉症者のこと。提訴された意味がよくわからず、民事提訴されたことで自分のほしかった資料が手に入る、というカンチガイをあるいはしてしまったのかもしれません。

実際こちらの起こした訴えに対し、Xは数々の資料を要求してきました。自分が抱いた疑いが嘘だというのなら証明せよ、と、本来なら公権力以外は見る権利のない数々の資料を要求してきたのです。ニキ・リンコさんや私のパスポートとか。

私はそれを見て、はたと考えました。ニキさんは、自分の状況をよく考えた上でペンネームで活動することを選んでいます。そして日本では、ペンネームで翻訳や著作を出すことは違法でもなんでもありません。けれども「ニキ・リンコは実在する」という当たり前のことをXに納得させるためパスポートなど出したら、Xは間違いなくネット上で公開等の暴挙に及ぶでしょう。

たとえば女性っぽい男性がいるとします。その人が実は女性に違いないと決め付けられて「違うのならパンツ脱いでみろ」といわれたら、証明するために脱がなければいけないのでしょうか。公衆の面前で。

Xのような乱暴な真似には及ばなくても、ニキ・リンコさんを面白くないと思っている当事者はたくさんいることは私も気づいていました。色々な人（保護者や新聞記者等）からそういう話を聞いていたし、出かけた場で成人当事者から面と向かって言われたこともあるからです。

当事者の人たちは、人生半ばで受けた発達障害の診断について考え続けます。「発達障害の特性とはなんぞや？」と考え続けます。そして自分とは特性の重ならない当事者が有名になることに、なぜか危機感を覚えるようなのでした。その人が「代表」と思われると困る、という気持ちが強いようです。実際には、定型発達者はそういう認知の仕方をしないのですが。

ただでさえセルフエスティームの定まらない特性を持つ人が多い発達障害当事者が脚光を浴びることに、心穏やかではいられない人も多いようです。特定の当事者ニキ・リンコがいやいや身元を暴かれるというのは一種面白い見ものかもしれません。そのどちらかというと下種な好奇心を満足させるために、私たちは本来見せる必要のない書類を見せてそれを（実質的にXを通じて）ネット公開しなくてはならないのでしょうか？

たんに、言いがかりをつけられただけなのに。

そういう疑問を呈した私に弁護士の先生は教えてくれました。「裁判所が必要だと思ったら出せというでしょうが、たぶん言わないでしょう。法廷が二次的な被害の場になってはいけないから」

そして私が――そしておそらく支援の世界が――全く知らなかった司法の論理を教えてくれました。「Xが納得する必要はないんです。裁判所が同一人物でないと判断すればそれでいい」

なるほど。そうだったのか。

これまでも幾多の人々が、「ニキ・リンコと浅見淳子は同一人物ではない」ということをXに納得させようとしてきたようです。でも、Xは考えを変えませんでした。

福祉の論理で解決しようとするより、法廷に出た方が、ずっと話は簡単だったのです。医療も福祉も被害を食い止めるために事態を前進させることはできませんが、司法は解決の方向へ事態を進ませることができるのです。

Xはあくまで資料の提出を求めました。でなければ自分の抱いた疑いは解けないと言い張りました。けれどもこちらから提出した資料で、裁判所はニキ・リンコと浅見淳子が別々の社会的活動をしている実体だと認定しました。

民事訴訟はあっさり結審し、勝訴に終わりました。私は相手の無体な要求に一切応じないで済んだことをうれしく思いました。

民事訴訟の法廷に、私は一度も行きませんでした。けれどもギョーカイの関係者の中には、顔を出していた人がいたようです。裁判官はとても上手だった、という話でした。社会性の障害のあるXは、もしかすると自分の味方だと思ってしまったかもしれない、と。

そのせいかXは、なぜ自分が要求した資料の公開を裁判官が拒むのか、異議を唱えていました。勝手な言いがかりをつければ見せてもらえるものだと、誤解していたのでしょう。一言で言うと、社会性の障害のために世の中を甘く見積もっていたのでしょう。

私は、改めて思いました。

社会性の障害がある自閉症の人にとって、司法の場は不利だな。情報を収集し、弁護士を選定し、交渉し、必要な書類を集める。裁判の流れを読む。そのすべてにおいて、社会性と実行機能に難を抱える自閉症の人は不利な立場に立たされます。

だからこそ、できればこういう場に立たないほうがいい。そういう提言を、これから仕事の中でしていこう、と私には仕事上の新たなテーマができました。

Xが本当に「ニキ・リンコと浅見淳子が同一人物である」という思い込みをしていたのかどうか、今になってはわかりません。なぜなら後に刑事事件の取調べに際し自分で「本当は別々の人物だと知っていた。嫌がらせで虚偽だと知りながら言いふらしていた」と告白したからです。これが真実なのか、あるいは後で考えが変わったのか、知る由もありませんが、そんなことは今となってはどうでもいいことです。

ただ私がこの件で学び、今自閉症スペクトラムのお子さんを育てている保護者や支援者に伝えたいと思ったのは「脳内妄想」と「脳外妄想」の法的リスクの違いです。

この裁判では、虚偽の情報を振りまいたということで、Xが敗訴しました。虚偽の情報（裏づけの取れない思い込み）を脳内でいくら抱こうと自由です。けれどもその情報を脳の外に出し、人目に触れさせ、それが誰かの名誉を毀損するものであり、その名誉を毀損された人が訴えを起こしたら、法的に問われるリスクが高くなります。同じ虚偽の情報でも、脳内にとどめておくかおかないかで大きな違いなのです。

これは生活の知恵として、伝えておこうと思い、ブログなどで発信するように心がけました。

「障害者である」という甘え

そして今になって考えてみると、私が一番Xに怒りを覚えたのは、Xの「甘え」だったかもしれません。

誹謗中傷されたこともももちろん悲しく腹の立つ出来事ではありました。けれども一番怒りを覚えたのは、勝手に抱いて勝手に振りまいた虚偽の情報を取り消してもらいたかったら、機密書類をもって証明せよというその分限をわきまえない言いがかりでした。

この怒りの源泉を表す言葉を探せば、「なんという甘ったれ」というのが実感です。自分の権利の限界をわきまえていない、ということに心底腹が立ったのでした。

それほどパスポートが見たければ、出入国審査官か何かになればいいのです。私たちが出入国するときにパスポートを見せるのは、合法的に国を出たり入ったりするため当該の国の公権力の要請に従ってのことです。見せないと出入国できないから、見せるのです。それほど重要な文書を言いがかりで見せよという思いあがりに、私は心底腹が立ったのでした。

在日である、とか創価学会員である、ということに関しても虚偽の情報ですので、その反証は揃えておきました。

ニキさんと私が二人で講演することが増えると、「浅見淳子の妹が演じている」という珍説も出してきましたので、実家の両親に頼んで実家の戸籍謄本も用意しました。これは両親に頼まないと個人情報の観点から手に入れるのが難しい文書です。また学歴詐称への反証として母校に夫が卒業証明書を取りに行きましたが、その際にも夫婦ではあっても委任状が必要でした。このように保護されている情報を、ただの言いがかりで引き出そうとするXに本当に腹が立ちました。

というのは、十年自閉症の世界にかかわっているとわかるのですが、勝手に疑問を抱いて勝手にぶつけてくる相手は、Xほどひどくなくても一人ではないからです。当事者の場合も、保護者の場合もありますが。

どうも「自分が抱いた疑問には（それがどれだけ自分勝手な疑問であっても）答える義務がある」と思い込んでいる人が多いようだな、ということに気づき始めた頃でした。

私はつくづく感じました。世間が自閉症の人にうんざりするのは、たまに起きる凶悪犯罪のせいではない。そうではなくこういう日々のわずらわしいかかわりの積み重ねの方が、自閉症という障害への忌避感を育んでいく。そう思いました。

支援の世界の人々が、障害があるというだけで、こういう出すぎた要請にも（時には社会正義を曲げてでも）応えることがあると知ったのは、後の話です。

民事勝訴では被害は止まらない

こうやって民事では勝訴しましたが、それ以降も別に被害は止まりませんでした。同一人物説が否定されたのでそれをあからさまに宣伝することはなくなりましたが、ブログやツイッターを通じて攻撃は続きました。

刑事事件は告訴状が受理されたあと、しばらく動きませんでした。警察が本人に電話をかけ、任意で呼び出しをしたりすることもあったようですが、それをドタキャンしたりしているようでした。

こうやって何度もドタキャンをすると逮捕状を請求しやすくなるという話を聞き、私は静観することにしました。人が死んでいるような凶悪犯罪ではないのですから、警察のプライオリティが低くても納得です。

それでも告訴状が受理された以上、絶対にこれでは終わらないと弁護士の先生は言っていました。そして時々警察に電話をかけて、進捗状況を聞いていました。X本人はなんと検察庁にまで連絡して、虚偽告訴だと訴えていました。これもたぶん、本人に有利には働かなかったでしょう。


民事裁判が終わってからのXの言い分は「浅見淳子は自閉症者を訴えるようなひどい人間である」ということでした。裏返せばこれも甘えです。自閉症者であるなら、訴えられるべきではないという甘えです。

私は、「自閉症者には法を守る能力が備わっている」という立場をとっています。ですから自分が被害にあえば司法に訴えます。そして支援者でも保護者でも当事者でも、これに賛同する声は多くありました。

けれども中には、自閉症の当事者だから、あるいは保護者だから、健常者の権利を侵害してもとがめだてられるべきではない、という主張を持つ人たちもいます。おそらくXはそちらの考えだったのでしょう。


二〇一〇年一月、私は九州で、発達障害者就労に関する講演会の講師を務めることになりました。そのとき、情報を得たXは管轄の厚生労働省にまで、「浅見は自閉症者を訴えるようなひどい人間である。だいたい浅見は三名いるので、本物が来るかどうかわからない」というメールを送っていました。それまでにもXに呼び出しをかけていた警視庁の担当刑事は、この情報を得ると主催者のもとにすぐに行って、Xの送った迷惑メールについての調書を作りました。業務の妨害という判断だったのでしょう。

主催者は「これほど小さな事件で警察が動くのか」という感想もお持ちになったようです。たしかに小さい事件かもしれません。でも私は警察にこうお願いしていました。

「この事件は警察から見ると小さいかもしれませんが、発達障害の世界にとってはとても大きいのです。障害があるから他人に関する虚偽の情報を振りまいたり、他人の人権を損ねても許されるべきだ、と考えている当事者や保護者はいます。支援者にもいるかもしれません。一種の特権意識です。けれどもそうではない、アスペルガーの人には責任能力があるからしてはいけないことはしてはいけないのだ、とはっきり知らしめるために、この事件にきっちり対応していただきたいのです」

警察は独自に、私と全くかかわりのない自閉症に関する著名な研究者の中立的な意見を聴き、アスペルガーの人の責任能力について、判断したようです。

私も、夫も、そしてニキさんも事情聴取を終えました。ニキさんの事情聴取には私は立ち合わせてもらいましたが、自閉症の方とのコミュニケーションが上手に取れる刑事さんでした。これならXともうまく話せるかもしれない、とありがたく思いました。

強制捜査

考えてみれば、また札幌にいたときでした。強制捜査に入ったという情報を受け取ったのは。タクシーの中で電話がかかってきて、そのまま宿泊ホテルのロビーで、刑事さんと話し続けました。強制捜査に入り、通信機器などの証拠を押さえたこと。そのあと呼び出しに応じてきて、任意で取調べたこと。同一人物だなどと、最初から思ってなかったと本人が語っていること（これが本当かどうか、前述したとおり、今では本当にどうでもいいことです）。ただ、私たちに「怒り」を感じていたこと。

何に対する怒りでしょうか？

ニキ・リンコが語る「自閉症者の内面」が自分の実感と合わなかったこと。なのに、そこそこ社会に受け入れられていること。そのあたりに怒りを感じて、私たちの社会的信用を落とすために起こした行為だということでした。

そこに嫉妬が絡んでいるかどうか。それにも私は興味がありません。おそらく絡んでいたのだろう、という人々が多いようです。本人は否定しているようですが、嫉妬という感情は自分でも「みっともない」と感じる人が多い感情のようで、自分で認める人はあまりいないようですから、本当に嫉妬と無縁だったのか、今となってはわかりませんしどちらかといえばどうでもいいことです。

とにかく刑事さんは私の予測通り、かなり自閉症者とコミュニケーションを取るのが上手なタイプのようでした。自閉症談議などもしたようです。もしかしたらここでまた、Xは刑事さんを味方だと思ったかもしれません。実際には味方でも敵でもなく、刑事さんは刑事さんの仕事をするだけなのですが。

そう。刑事さんは仕事をして、Xは送検されました。

「反省も謝罪も求めません」

民事提訴のときには、ニキさんと私が別人物だと証明する書類（パスポートなど）は一切出しませんでした。前述のとおり、Xがネットを通じ公開してしまう恐れがあったからです。そして、裁判所も要求しませんでした。

けれども刑事事件の取調べのときには、ニキさんも私もパスポートを提出しました。コピーを出し、現物を持って行って刑事さんが撮影し、そしてそのあと、外務省に裏付けをしてもらったようでした。すごいな公権力。警察はそこまでやるんだなあ、できるんだなあ、と感心しました。

刑事事件が動かなかったときには、もうこのまま放っておかれるのかな、と半ばあきらめたような気持ちになったこともないとは言えません。けれども「告訴状が受理されているのだから」と弁護士の先生は時折、警察に電話して進捗状況を確かめてくださっていました。刑事事件で、被害者代理人の弁護士ってそういう仕事をするんだな、とありがたく思っていました。

私としては、なんとか有罪になってもらいたいと思っていました。前述したように「障害があるから他人の権利を侵してもかまわない」という思い込みを、発達障害の世界で共有してもらいたくなかったからです。だから検察に呼ばれたときにも、それを話してきました。

謝罪も反省も求めません、と私は言いました。自閉症の人にとって、「再発防止」に必ずしも謝罪や反省が必要でないことはよくわかっていたからです。

では被害者として何を望みますか？ときかれて、「きっちり前科一犯にしてほしいです」ときっぱり言いました。私が一生嫌いでも構わない。一生憎まれても構わない。でも嫌いだから憎いから、自閉症に関する見解や療育の方針が違うからといって、虚偽の情報を振りまくのは他人の人権を侵害することである。何かと意見の食い違いで争いの起こりやすい発達障害の世界にそれをきっちり伝えるために、有罪判決を望みます、と言いました。当事者のみならず保護者の中にも、「意見が違う相手には何を言っても構わない」と考えている人々が多いことがわかってきたからです。

夫も告訴人として、検察庁に呼ばれて調書を作ってきました。なんの打ち合わせもしなくても二人とも「反省も謝罪も求めません」と話してきたことを、後から知りました。

起訴

Xが起訴されたと知ったのは、二〇一一年の暮れのことでした。夫と私は、年末の休暇でタイにいました。メールで弁護士の先生から、起訴の知らせが届きました。年が明けて自宅に戻ると、検察官から書留が届いていて、起訴という処分が明記されていました。

日本の起訴後の有罪率を考えると、私たちが目指している方向に進んでいるようでした。改めて見てみると告訴状が受理されたのが二〇〇九年の五月十九日。奇しくも私の誕生日でした。

長い時間がかかりましたが、私はいつもそうなのです。

望みがかなうのに、結構長い時間がかかるのです。でも最終的にはかなう。

今回もどうやらそうなりそうでした。

小さな事件とはいえ、起訴されたので、国選弁護人が被告人につきました。その国選弁護人からは、型どおり示談の申し入れがありました。私たちの目標はただ一つ、有罪になってもらうことでしたので、示談の気持ちはありませんでした。

一応、示談の提案には目を通しましたが、もちろん受け入れることはありませんでした。

「刑事告訴は成功」と思った理由

本人が犯行を認めているということで（そして客観的な物証も強制捜査で確保できたということで）、事実関係を争うことのない裁判だったようです。私はまたもや、一度も法廷に行きませんでした。

求刑が出たとき、この種の罪にしては決して「障害者割引」があったとは言えないな、という感覚を持ちました。けれどもまあ、求刑の何掛けかになるのだろうと思っていました。

あっさり結審し、判決。

「障害者割引がないな」と思った求刑通りの判決で、初犯ということで執行猶予がつきました。その執行猶予も異例に長く、裁判所が悪質性を重く見たことは判決文からも伝わってきました。少なくとも障害特性を強調したことが被告人の利益には働かなかったという印象を受けました。


法廷に赴いた人から、情報が入ってきました。Xは「犯罪だとは知らなかった。わかったのでもうやらない」と言ったそうです。そしてこの言葉を裁判官や検察官は、「反省がない」と受け取ったようです。それが一般の、健常の世界の受け取り方なのでしょう。

けれども自閉症者独特の認知を見てきた私にとって、この言葉の持つ意味は違いました。そしてこの言葉を引き出したことで、この裁判は成功に終わったと思いました。これこそが、自閉症者のできる反省に他ならないと思えたからです。

Xは私たちに関して、虚偽の情報を振りまくことが罪だと思っていなかったのでした。なぜなら、私たちが嫌いだから。

一生嫌いでいいと思います。自閉症に関する見解が、一生相入れなくてもいいと思います。

Xは健常者が自閉症者を訴えるのはひどいことだと主張していました。自閉症者は、特権階級であり、健常者の（しかも意見の違う健常者の）人権を踏みにじっても許されるべきだという世界観を持っていたのでしょう。けれども私は違います。

私は自閉症の人は、社会《みんな》の中で暮らせる人たちだと思っています。司法の場で、責任能力を有する人たちだと思っています。自閉症の人が健常者の世界について勉強しそこに寄り添う生き方を選ぶのは屈辱でもなんでもないし、可能なことだと思っています。

こういう考え方に反対の人々がいるのはよくわかっています。その人たちが私を一生嫌いでも構わないと思っています。

ただ、嫌いだからと言って生活する権利を脅かし、人権を侵害していい理由にはならない。それをきっちり伝えるために裁判を起こしました。いくら嫌いな人間だとはいえ、方針の違う人間だとはいえ、虚偽の情報をもって貶めるのが犯罪だとXが理解したのなら、それで私たちは告訴した甲斐がありました。

支援の世界の方々は、なぜ「犯罪とわかったから、もうやらない」という言葉を反省と受け取らなかったのか、それを考えた方がいいと思います。罪一等を減じてもらうことではなく、これが自閉症者なりの反省だとわかってもらうことが、司法の場での障害理解につながるはずです。

そしてそもそも、なぜXが犯罪だとわからなかったのか、それを考えてほしいものです。それが、今後自閉症の人々が法を守って社会に暮らしていくためのヒントになるはずだからです。

私には、今のところ、なぜXが犯罪を犯罪と認識できなかったのか、わかりません。ただ昨今、近隣諸国で日本人に向けられる暴虐に「愛国無罪」という風潮があるのを知って、Xの犯行にはこれに近い考えがあったのではないかと思うようになりました。

嫌いな人間への対処の仕方

そもそも、社会というものは多くの人で成り立っていて、様々な価値観が渦巻いています。そのどこに自分の立ち位置を見つけるのが比較的自由な国、それが現代の日本であるはずです。自閉症の人々と社会全体の関係性だって、どういう風に認識し、どういう風に動くかは、それぞれに選択の自由があります。そして自由というものには、必ず責任が伴います。

自分がなんらかのかかわり方を選んだら、それを共有する仲間と情報交換しながら、前に向かって進んでいけばいいだけです。違うかかわり方を選んだグループだって、彼らなりの成功を収めるかもしれません。幸せを望んだ心は同じ、やり方が違うだけです。

自分たちの幸せだけではなく、やり方が違う相手の不幸を望むという心のメカニズムを、私自身はあまり有していないようです。だから心底、Xが自分の本業をおろそかにしてまで十年間にわたって私たちを攻撃していたその気持ちがわからないのです。

これが犯罪だとは知らなかった。自然にはわからないであろう自閉症の子どもたちにどういうものが犯罪なのか早めに知ってもらいたい、とXは語ったそうです。

Xと私がなんらかの和解をすることは死ぬまでないでしょうが、このあたりの志はおそらく共有し続けるのでしょう。

それでいいのだと思っています。

サバイバーとして

私が受けた被害は、幸い物理的な被害を伴う凶悪犯罪ではありませんでした。一応備えは怠りませんでしたが、私たちは初期の頃からそういう被害の可能性が低いことを確認していました。

二〇〇四年、インド洋の津波を生き延びたように、私は自閉症者の的外れな攻撃の的になりながら、物理的な被害を受けずに生き延びました。

だからこそ、提言しておこうと思います。

この小さな事件を契機として、自閉症と犯罪について真剣に考え、大きな悲劇を予防するいいきっかけにしてください、と。

障害と犯罪の関連を否定し続けるより、ずっと建設的なことです。

［第四章］

法的トラブルに巻き込まれない大人になるために

共存のための加害防止

では結論の章に入ります。

自閉症・発達障害とともに生きる人々が、法的トラブルに巻き込まれない大人として生きていくために、早いうちから打てる手としてはどういうことがあるか、考えてみましょう。

この本の性質上、「加害者にならないために」という方面に絞ります。被害者にならないための方法は、支援の場で提供されることも多いからです。そして被害者になったときに、応援してくれる団体もあるからです。

けれども今のところ、加害者にしないという教育が表立って行えるだけの機が熟していません(犯罪と障害の関係を否定するというのが支援の世界の公式見解だからです)。また第三者が自閉症・発達障害の人による法被害を受けたときにも、被害者側に支援する団体はありません。自助努力に限られます。それが実態ですから、障害のある人と社会との共存を考えると、できればこの本の読者には、加害行為そのものの予防に興味を持っていただきたいと思います。

というわけで、この本では「いかに加害を防ぐか」に論点を絞ります。

法的トラブルは、避けたほうがいい

その大前提として、これを言っておきます。

発達障害がある人は、法的トラブルに巻き込まれるのを避けるのが一番です。

なぜか？

まあ、法的トラブルに巻き込まれないほうがいいのはすべての人にとって当たり前のことなのですが、発達障害者には発達障害者なりの理由があります。

それは一言で言うと、前章でも触れた通り、「法廷で不利」なことです。


実際に直面してみるとわかりますが、裁判というのは社会性が必要な活動です。弁護士を選ぶところから、戦略を練るところ。流れを読むところ。自分の主張を法廷に受け入れられやすいかたちで伝えるところ。「人の気持ち」や「暗黙の了解」が読みにくい発達障害者はこのプロセスにおいて決定的に不利な立場に立たされます。

相手が要求してきそうなものを先手先手を打って一応揃えておく実行機能も必要です。この点、私は今回味方がいて、一緒に動いてくれてよかったと思っています。

私はこの裁判を行っている間も本を作り続けていました。それが日々の仕事だからです。

そして、日々の仕事との両立というところも、自閉症の人は上手ではないかもしれません。裁判を抱えこんだら、社会生活がいったん途切れて、フルタイムで裁判とかかわらざるを得ないかもしれません。

以上のような意味で、私は発達障害の人は、できれば法的トラブルにかかわらないほうがいいと思っています。

もちろん自分が被害者になったとき、泣き寝入りするのはよくありません。ふりかかってきた火の粉は払いのけなければなりません。

けれども自分からは火の粉をまかないほうが無難。もちろん定型発達者だってそうですが、その意味は一段と重いと思います。

ネット時代だから気をつけておきたいこと

そして、ネットが行き渡った時代だからこそ、法的トラブルに巻き込まれないために気をつけておかないといけないことがあると思います。

それは「想像力に難がある」と自覚しておくことです。

自閉症の「三つ組みの障害」(編注：コミュニケーションの障害、社会性の障害、想像力の障害)

の一つに「想像力の障害」がありますが、これは「想像が足りない」だけではないようです。ニキ・リンコさんはそれを三つに分けています。

①想像が足りない。
②想像が間違っている。
③想像が過剰。

そしてこの②が、ネットの上ではトラブルを呼びます。

自閉症の人は自分が理解不能な現象に出会ったとき、不思議な因果関係を作ります。今回の事件で言えば

「ニキ・リンコがもてはやされているのが気に食わない↓自閉症者ならあれほど世渡りうまくないはず↓定型発達者の演技なのだ↓誰がトクをするか↓浅見淳子だ」


という論理の展開から、一面識もない私たちが「詐欺」ということになったわけですが、こういう突飛な理論の展開が、やはり通常考え付くことではありません。いかにも自閉症者らしさを思わせます。

このように荒唐無稽なことを思いついてしまう脳。さぞそういう脳を持つことは苦しいだろうな、

と思います。けれども、だからといって荒唐無稽なことを言いふらしたら、その相手が黙っているとは限りません。今回のように、訴えられる可能性もあります。

それを避けるためには、「裏づけの取れない想像は公開しない」ということを決めておけばいいと思います。

脳の中は自由なのです。脳の中でどれほど不可思議な論理を展開していようと、それを脳内にとどめておく限り、誰にもとがめだてされることはありません。法的リスクは生じません。ただそれをいったん脳外に出してしまえば、そのとたんリスクが生じます。安価で手軽に表現できるネットの行き渡った時代にはなおさら、誤った想像を広めてしまうのが簡単になっています。

藤家寛子さんは「ニキさんから学んだ最大のこと。それは『自分の想像は間違っている』ということです」ときっぱりと言っています。間違った想像を（しかもたいていは悪い方に）しがちな脳みそだと自覚することで、不要な不安が減っていったという経験を積んで出てきた言葉です。こうやって想像力の障害を毅然と受け入れて生きるのも、障害と上手につきあう方法でしょう。

そしてこれは、心ならずも加害行為に走ってしまうことを防ぐにも有効な考え方なのです。

自他の区別をつける

他人を嫌いになることも、同じように「脳内にある限り安全な感情」です。

他人を嫌いになるのは、自然なことでしょう。人間とは、選択する生き物なのですから、自分の信じるものがあれば、それに反することをやっている他人が嫌いになるのはある意味自然なことです。

けれどもその嫌いな他人に対しての感情を行動化したときに、その方向と強さによっては犯罪行為となります。

自分の信条が自由であるように、他人の信条もまた自由であり、自分にも信条を共有する人がいるように、他人にも信条を共有する人がいます。

自分がコントロールできるのは自分だけ

また、全く気にする必要のない他人が気になって仕方なくて、そのこだわりから自分の日常生活に支障をきたしている例も見られます。十年間を我々の誹謗中傷に費やしたXも、そのエネルギーを自分の本業に向けていたら、成功した自閉症者として本を書く話でもきたかもしれません。全く、無駄な月日とエネルギーだったと思います。

自分とは、自分である程度コントロールできる存在です。そして、自分がコントロールする権利のある存在です。

けれども他人はそうではありません。不愉快なこともあるかもしれません。不愉快だと思うことは自然なことであり、その気持ちを抑えることはありません。脳内にとどめておく限りは。

けれどもそれを行動に移しては、結局自分が損をします。どっちみち、他人をコントロールしようといくら願って行動しても、それは実らない行動です。そして倫理上も、他人をコントロールする権利は自分にはありません。他人の評価をおとしめようとすることは、今回のように、法律上自分が罪に問われます。

こうした自他の区別を小さいころから教えることは、自閉症スペクトラムの人が健やかな社会人生活を送るために必要なことだと考えています。

「自分は血肉を持った存在である」と知る

自分と他人の区別をつけるには、まず自分の存在を確信しなければなりません。

などと書くと、不思議なことを言うなあ、自分の存在などわかりきっているじゃないかと思われそうですが、自閉症スペクトラムの方の場合、私たちと同じ意味で「自分の存在を確信している」とは決め付けないほうがいいと考えています。

前述したように、体感も違います。筋肉の動きが身体の存在を伝えてくる「固有受容覚」の認知が弱いこともあるし（参考：岩永竜一郎 著『もっと笑顔が見たいから 発達デコボコな子どものための感覚運動アプローチ』）、空腹や渇きがわかりにくい、トイレのタイミングがつかめないなど、内臓感覚が弱い場合もあります。そういう身体を持つ人にとって「自分という存在への確信」は、私たちほど確かなものではないと考えています。私たちが自分が自分であると認識できるのは、おそらく体感の存在が大きいと思います。

かつて重い二次障害に苦しんでいた藤家寛子さんが、「自己認知支援」を受けて世界観の塗り替えを行ったと講演会で話したとき、「それはどういうものか」というご質問が参加者からありました。詳しくは藤家さんの著作『自閉っ子は、早期診断がお好き』をごらんいただいたほうがいいと思いますが、私は「一言で言えば自分や他人が人間だってわかったことですね」と答え、横で藤家さんが大きくうなずいていました。

それまでの藤家さんは、自分の運命は自分で決めるのではないと思っていました。予めシナリオがあり、「巨人」によって自分は動かされているのだと。そして他人は（実の親も含めて）自分という主人公のシナリオに登場してくる役柄なのだと。だから自分の目の前にいないときには、どこかで休憩を取りながら「出待ち」しているのだと考えていたそうです。

他人も人間だと理解する

そうなると、家族の都合を考えず、家族に依存することにもなります。家族を自分の手足のように使ってしまっても、罪の意識は生じません。家族としては、一緒にいることの難しさを感じるようになります。

藤家さんの支援に入った支援組織では、そこでシンプルでしかも効果的な提案をしました。家族分のスケジュールを冷蔵庫か何かに張っておくのです。そうやって、藤家さんには理解ができるようになったのです。夕飯が時間通りに出来上がってくるのは、自分が昼寝をしている間に料理をしてくれているお母さんのおかげなのだと。自分とかかわりあわない時間にも、きょうだいはきょうだいのこなすべきこと、やりたいことがあるのだと。

非常に単純な手法ですが、逆に言うと、こういう単純な世界観の掛け違えで自他の区別がつかなくなっている人も多いということだと思います。「こちらの都合を考えてくれない」自閉症者の性質を嘆く前に、「もしかしたら単純なことがわかっていないかもしれない」と仮説を立ててこうした支援を取り入れてみるのもいいかと思います。

「努力しなければ手に入らない」ことを覚える

ニキ・リンコさんは、大人になれば、すなわち成人式を迎えたその日がくれば、大人のできることは自然にできるようになると考えていたそうです。子ども時代に訓練を積まなければいけないとは思ってもみなかったそうです。

これはいささか極端な例かもしれませんが、どうも成人の自閉症スペクトラムの当事者を見ていると、これに近い世界観を持っているのではないかと思うことが多いです。そしてこういう世界観を持っていると、「自分の人生を切り開くのは自分である」という意識が持ちにくくなります。

自分のつかみたいものは、自力でつかまなければいけないのだという意識が持てません。努力の必要性に気づかないのです。努力の主体として、運命の主体としての自分が想像しにくいように見えます。

他人も血肉を持った存在である

自分が血肉を持った運命の主体だと感じることが薄ければ、当然他人も平面的に見えます。自分が得たいと思っているものを持っている他人がいると、羨ましいという気持ちは湧いてくるでしょうが、その人が努力や苦労を重ねた結果それを手にしているとは思いにくいようです。「見えないものは、ない」という認知特性を持っている自閉症スペクトラムの人たち。見えないものの最たるものといえば、他人の努力や苦労でしょう。だから、ただただ羨ましい。見えないところでしている努力を実らせている人が、成功を約束された「シナリオ」を持っているように見えてしまうのなら、そういう人が「ずるい」と見えてしまってもおかしくありません。

こうやって「恨み」が醸成されていきます。そして私は、発達障害の人が抱く「恨み」が本人にとっても社会にとってもよくないと思っています。犯罪を犯さない子を育てるためには「根拠のない恨み」を抱かないような育て方が必要だと思っているし、それは社会の安定だけではなく、本人の安定にも寄与すると思っています。

だからこそ、一般社会で生きていかざるをえない高機能の人たちに対しては、早くから恨みを持たないような教育を心がけていただきたいと思っています。

華やかな仕事につく必要はない

そのためには、早くから健全で地道な労働観を本人の中に育てていただきたいと思います。労働とは、社会のニーズに応えて対価を受け取ることです。そのために自分が自分なりに持って生まれた能力に磨きをかけ、社会に還元していくことです。華やかな仕事である必要はありません。一見華やかそうな仕事についている人を羨む必要もありません。

私は、自分が被害を受けた事件の大きな原因が、「本を書くという仕事」を実際以上に華やかなものととらえてしまったXの認知の誤りにあると思っています。ところが私自身は、出版というものをたまたまめぐり合った「仕事」ととらえています。自分には適性があるしめぐり合ったことを幸運に思っているけれども、出版という仕事をしている自分が、たとえば商店街で八百屋さんを営んでいる人より「えらい」とは全く考えていません。どちらもめぐり合った仕事に日々励み、対価を得ているという意味で基本的に「生業」であることに変わりはないからです。


うちに本を書きたい、と企画を持ち込んでくる著者候補に、私がまず言うのはこの言葉です。

「本を書いてもえらくない。それを理解してくれる人としか、私は仕事しません」。

「本は著者のために出すものではありません。読者のために出すものです」。

出版社によって色々考えは違うと思いますが、私が出版という仕事に臨む姿勢はこれが基本です。農家の方が畑に出るように、お団子やさんがお団子をこねるように、焼き鳥やさんが焼き鳥を焼くように、顧客のために何かを作って対価を得る。それが仕事です。本を取り巻く仕事も、基本的に世の中の多くの人々が携わる「生業」と違いはありません。

誤解を呼びがちな職種だからこそ、最初にこれを確認しておきます。


ただそれが、支援の世界と共有できていません。

私から見て現実に役立つ支援とは、「普通の地道な仕事の大切さを教える」ことです。けれども支援者の世界は必ずしもそうは動きません。

むしろ「自分も本を出したい」と望んでいる（あるいはごねている）当事者がいると、その人の本を出してほしいと言ってきます。本を出す、出さないは人生の一エピソードに過ぎず、大事なのは自分の適性に合った仕事を見つけ、それに日々精進すること。誰も読まないかもしれない本を出すより、そちらのほうがよほど貴重。

それが健全な職業観だと私には思えるのですが、あまり支援の世界と共有できた経験がありません。

支援の世界は、ときには相手の都合（この場合だと出版社の背負うリスク）や社会正義を犠牲にしても、当事者の「ごねどく」を許してしまうところがあるのです（幸い、社会が受け入れないので、これに成功することは多くないのですが）。

そうやって当事者の抱きがちな幻想に拍車がかかっていきます。

本を出す人と出さない人がいて、出さない人にだって世の中に自閉症の理解を広めるために、果たせる役割があります。自閉症があっても、立派に社会の一員として生きられること。労働し、法を守るまっとうな社会生活を送れること。これを実現している人はたくさんいますし、そういう人が増えることは、社会の理解につながります。

その一例が、心身虚弱から立ち直って社会人として暮らし始めた藤家寛子さんなのですが。

私の中で、Xに対する裁判と、藤家さんの回復が同時に進行していたことは、自閉症者への支援観を大きく塗り替えることになりました。自閉症者とは（とくに、知的障害のない自閉症者とは）ただ弱い、保護されるべき存在ではない。その障害特性がゆえに我々が迷惑をかけられても、耐え忍ばなくてはいけない存在ではない。もっと力があり、学習能力があり、社会と共存できる存在であるはず。

そういう思いが私の中で育まれていったのでした。

地道な仕事の大事さを説くのが社会人としての務め

私は支援を仕事にしているものではありませんが、仕事を通じて、成人した発達障害の方たちとかかわることも多いので、機会があれば「目立つ仕事につく必要はない」「それぞれの適性のある仕事で社会貢献できる」「地道な仕事の大事さ」を説くようにしています。

ある当事者の方と、講演会終了後にお話したときのやり取りを、「本分を尽くす」というタイトルの記事にしたこともあります。

＊　＊　＊　＊

本分を尽くす

去年の秋、藤家さんと講演に出かけたとき
講演終了後、一人の女性が近づいてきました。
アスペルガーという診断を受けているとのこと。
こういう質問を受けました。

「私も藤家さんのように世の中の役に立ちたいです。どうすればできますか？」


私はききました。

「今何か仕事をしていますか？」

「しています。でも契約で、もうすぐ切れるんです」

「じゃあ契約が切れたら、また仕事を探せばいいと思います」

「……」

「そして、見つけたら見つけた自分の仕事を一生懸命やるといいと思います」

「え？」

「本を書いたり講演をしたりだけが世の中の役に立つことじゃありません。自分の与えられた仕事をきちんとやり遂げることが世の中の役に立ちます」

鳩が豆鉄砲を食らったような顔をなさっていました。

この話を定型発達の人、平凡でもきちんと社会人（主婦を含む）をしている人にすると
「え〜知らないんだ、そういうこと」というリアクションが返ってきます。
「親が教えないのかしら？」

そらそうでしょ。だって当たり前のことだもの。
言わなくてもわかることだもの。
それによく考えたら
私たちだって親に習ったわけじゃない。

学校に習ったわけでもない。

「地道に、自分の与えられた仕事をすることが社会貢献につながる」ってことは。
世の中に出て、あるときは縁の下の力持ちをやり、あるときはその人たちに支えられ
自分で稼いだお金を消費して誰かの雇用を支え

という循環を繰り返すうちに「自分の仕事をきちんとやることが世の中の役に立つこと」と学んできたのでしょう。

たとえそれが、一般的に目立つ職業ではなかったとしても。

たぶん「見えないものは、ない」人たちには、それを明文化して伝える必要があるんじゃないかな。

それと、なんらかの理由で世の中に出る機会にめぐり合わなかった人には。

じゃないと「見える」仕事をしている人たちだけが世の中の役に立っていると思い込んだり

地道な仕事しか機会のない自分達のセルフ・エスティームを勝手に下げていったり

一歩方向が違えば、嫉妬に走ってしまうのかもしれません。

そのときの女性は、その後新しい職場を見つけ、一生懸命仕事に励み、職場での評価もまずまずで

今は部署間で取り合いになっているそうです。

もちろんそれは、大いにセルフ・エスティームに寄与していて

この暑い夏もフルタイムをきちんとやり遂げ、それもまた自信になり「浅見さんのあの言葉は私の心に届いたようです」

そういうメールをくださいました。

（浅見淳子ブログより）

＊　＊　＊　＊　＊

「仕事しろ」

結局、他人のやっていることを無駄に羨ましがっている成人当事者を見ると、この言葉しか湧いてきません。

仕事して、自分の生活に自分なりの楽しみを見つけてもらいたい。

それができていないから、世の中への恨みも募っていくのではないでしょうか。

そうすると「仕事がない。社会に理解がない。雇ってもらえない」という議論が必ず起きます。

たしかに、費用対効果のプラスにならない人を、このご時勢に雇ってくれる企業はそうそうないでしょう。けれども行政は障害者雇用のために企業にメリットが出てくるような（デメリットが減るような）施策を次々と打ち出しています。

それにもし、「アインシュタインもエジソンも」というセールストークが真実なら、発達障害があっても世の中に活かせる能力があるのでしょう。もしそれを引き出せず、ただただお情けで雇ってもらうことにきゅうきゅうしているのが就労支援の現実なら、それは就労支援がまだあるべき姿になっていないということだと思います。

多くの保護者・当事者が、就労支援セミナーに出かけ、「本人に努力させてはいけない」という支援者の言葉を聞いて「全く現実的でない」と肩を落として帰ってきます。

本当に就労支援の現場でこのような支援策が語られているのなら、支援者たちが実は「発達障害者には優れた面もある」と信じていないのかもしれないなあ、と思えてなりません。

「自閉症の人に仕事を行き渡らせることが社会の安定につながる」という観点から、世の中への理解を訴えていけないのが現実ならば、それはなぜでしょうか。

元々自閉症スペクトラムの人はヒマが苦手だということは、関係者ならわかっているはずです。

これは学齢期から特徴として現れています。授業時間がなんとかこなせても、休み時間などが苦手だということは専門家の間に異論はないと思います。

大人になってからの就労の意味も、「有意義に時間をつぶす」ことに意味があると言って何がいけないのでしょうか。有意義に時間をつぶしながらお金も稼げる。それが就労することの意義のはずです。

自閉症の人の善良なところだけをマーケティングしようとこだわってているために使えない「発達障害者がきちんと就労することは、社会全体のため」という論理。「自閉症者天使説」に拘泥しているために、社会資源を割り当ててもらうために役に立つはずの正論さえ言えないのが支援の世界です。

事件が起きると、自閉症者は従来善良な人たちだとギョーカイは言い張ります。けれども日々自閉症の人たちと接している人たちにとって（保護者や当事者自身にとっても）これは到底うのみにできる言葉ではありません。実感と違いすぎます。自閉症の人の中には、とても付き合いづらい人も多いのが現実だと、接している人ならとっくの昔に気づいているからです。

もちろん自閉症の人にも、いいところはたくさんあります。けれども、一次障害のためであれ二次障害のためであれ、認知が歪み、付き合いづらいところがあるのも確かなのです。その事実を黙ってろというのは不当な言論統制です。

そして私は、一番付き合いづらいのは、自閉症者の中に時折見られる「自他の区別をつけずに他人の生活する権利や人権を侵害するところ（しかもそれに無自覚なところ）」だと思っています。

支援の世界は、残念ながら、それをむしろ後押しするのです。「君たちは弱者である。努力しなくてもいい。社会が合わせるべきだ」と唱え続けることによって。

他人の不幸を実現する権限は誰にもない

人は生まれてきたからには、幸せになる権利があります。

さらに言えば、幸せになるために努力する権利があります。

けれども自分がコントロールできるのはせいぜい自分の人生です。手が届くとしても、家族やごく親しい人の人生だけ。他人の人生をコントロールすることはできません。無駄なことですし、そもそも他人の不幸を実現する権限はありません。別の主体だからです。

自分には自分の人生があり、他人には他人の人生がある。それぞれの苦労や喜びがある。

自分の人生は、自分で築いていける。でも他人の人生は、本人が築いていく。

他人が成功を遂げることは、自分の成功を減らすものではない。

こうした基本的なことを、ぜひ小さいうちから教えてあげていただきたいと思います。

他人の成功と折り合いをつける

そして、他人の成功と折り合いをつけることを、学んでほしいものです。

他人の成功と折り合いをつける一番の近道は、自分も努力して何かを成し遂げてみることだと思います。それがどんなに小さいことでも、本人にとっての達成感が大事です。

何かを頑張って達成したことのある人は、他人の努力もわかりやすくなると思います。だからこそ、支援者を名乗る人たちは「努力する権利」を保障してあげてほしいのです。たとえ、障害があっても。


藤家寛子さんはかつて、セルフエスティームの揺れ動いていた人でした。

低すぎるときもあれば、高すぎるときもありました。

二次障害から立ち直ってからは、セルフエスティームの安定した状態をこう形容するようになりました。

「別にほめられなくても平気な状態が、セルフエスティームの安定した状態」

なぜこういう境地にたどり着いたのでしょうか？

それは、人より時間がかかっても、自分なりに目標を一つ一つ達成したという実績を積んだからです。

そのときの自分の満足感を味わえば、他人の評価は二の次になるでしょう。


他の子と比較しないで、その子なりの達成を一緒に喜ぶ。

地道に生きることの大事さを教える。

今はどちらかというと、その逆のパターンが目に付きます（あくまでも私の立場で、ですが）。

仲人口の延長なのかもしれませんが、「発達障害は天才」「人と違った発想ができて社会の財産」などの「セールストーク」も、使い方によっては間違った方向へ向いてしまうことも、よく自覚していただきたいと思います。

「ニキ・リンコは実在しない」というのも、「人と違った発想」です。けれども全く役に立たない発想です。

自閉症者の持つ発想力をいい方に生かすには（悪い方に走るのを防ぐには）、教育が必要なのです。それは、自閉症でない人と全く同じです。

自閉症者にフェアに接しよう

自閉症の人に健全に社会参加をしてもらうために必要なのは、結局自閉症の人にフェアに接するということだと思います。弱いところは弱いと認め、支援し、そしてあくまでも努力の主体であると忘れないことです。どれだけ支援があっても、道を切り開いていくのは結局は自分だということを伝え続けることです。

これまで大きな事件が起きて、加害者に自閉症スペクトラムの診断がつくと、「未診断だからこうなったのだ」という言論が巻き起こってきました。けれどもXはそうではありませんでした。診断がつき、自分が障害者だと自覚し、だから健常者の人権を侵害しても許されると誤解した上で起こした事件でした。そしてそういう空気を、支援の世界はたしかに醸成してきたと思います。「社会は理解してくれない」と声高に叫び続けることによって。本人たちに努力させるのではなく、社会の理解を求めて障害者の問題を解決しようとしてきたことによって。社会の無理解を強調しすぎると、それが支援だと考えていると、むしろ発達障害者と社会との距離は遠くなっていく、そう私は考えています。

社会は本当に理解してくれないのか?

では本当にそれほど、社会は自閉症を理解してくれていないのでしょうか?

たしかに自閉症は、理解がとても難しい障害です。だから理解できないという面はあると思います。けれども、社会が自閉症にそれほど悪意を持っていると決めつけるのもどうかと思います。

形からだけでも、街はバリアフリー化が進んできました。視覚障害者のために、黄色い点字ブロックが張り巡らされています。そして、今の世の中、あれに文句を言う人はまずいません。カートを引っ張って移動する人も多いし、宅配業者の人たちはひっきりなしに台車を転がしている街中。それでも黄色い点字ブロックに文句を言う人はいません。不自由な人の自由が少しでも増すのなら多少の不便はかまわない。日本はそれくらいには人権意識がある人々で構成されている国だと思います。

けれども自閉症者の事件が起きたとき、それを報道するなとか、罪を軽くしろとか、そういう動きは、一般人の常識的な理解を超えています。「不便を許容する」レベルではなく、はっきりと一般人の権利を制限するレベルだからです。そしてこのレベルの理解を求めるのは難しいと思います。今後も。

警察が介入したとクレームをつけ、報道したとクレームをつける支援者。一般人にだって知る権利はあるし、危険から身を守る権利もあります。なのに、さもそれが不当なことのようにクレームをつける支援者たちの姿を見て、当事者の人たちは「自分たちは差別されている。この社会は自分たちのような障害者に理解がないのだ」と被害者意識を強めていっているのではないか。それが私の目に映っていることです。

別に全世界の人に、障害を理解してもらう必要はないと思います。

自閉症という障害は、人間の多様性に関して理解のある人にとっては、比較的理解のしやすい障害です。そういう人々の理解を数珠つなぎにつないでいけば、結構暮らしやすくなると思います。当事者の人たちにもその事実を知らせて「この世はそれほど悪くない」という事実を教えてあげたほうが、メンタルヘルス上いいのではないかといつも思えてなりません。

いざ自分が自閉症者による法的な被害にあったときには

さて、私が裁判を起こしてからも、「自分も似たような被害にあっているのだけれども」というご相談を受けるようになりました。自閉症者は天使ではありませんから、これからもきちんと社会での振る舞い方を教えられてこなかった自閉症者による加害行為の被害を受ける人はいるかもしれません。そのときの心得を一つ、書いておきたいと思います。

決して福祉の世界を当てにしないことです。

なぜならば福祉の人々というのは、社会正義を曲げてでも、他の何かを守るからです。そしてそれは、被害者の人権ではありません。

福祉の人々の考える「共存」は、一般社会の考える「共存」ではありません（もちろん、すべての物事と同じように、例外はあります）。自閉症者には自他の区別がつきにくいという知識は、支援の世界でも共有しています。けれども一般人と違い、支援者は、当事者に人権を侵害されても耐える生き物のようです。自分たちは支援を仕事にし、対価が発生しているから耐えるのでしょう。そしてなぜか、同じように耐えることを、支援を仕事にしていなければ支援によって対価を得ているわけでもない一般社会にどこかで期待しています。

たとえば障害者が道行く人にわいせつと受け取られない行為をしても、障害があるから大目に見てくれと言い、大目に見てくれないと「障害に理解がない」と非難する。そういう反応を普通に悪気なくするのが福祉の世界です。

それが結果的に自閉症者の社会参加を阻むということには、思い至らないようです。

支援者の一部には、罪を犯し訴追されたときの触法障害者の処遇改善に動いている人たちもいます。取り調べの場でコミュニケーション障害がある人たちが公正な扱いを受けるためにも、必要な活動だと思います。けれども支援者たちの目には、「被害者」の姿は映りません。

ですから自分が被害者の立場に立ったときには、福祉の世界を当てにせず、まっすぐ司法の場で解決することをおすすめいたします。

障害特性ゆえに罪が軽減されるという方向に、おそらく世の中は動いていないと思います。支援の世界がどれほどそれを望もうとも（本当に望んでいるのかどうかは知りませんが）、世の中がそちらの方に動くことはないと私は予測しています。

共存のための言論活動

辛口の意見を述べてきましたが、私は決して、自閉症者を社会から排除しようと画策する者ではありません。むしろ彼ら・彼女らの社会人としてのポテンシャルを高く評価しています。もしかすると「支援者」を名乗る人たちより、私の方が高く評価しているかもしれません。

私は法的な被害にあった身ではありますが、自閉症の人たちは法を守れる人たちだと信じています。だからこそ、いったんトラブルがあったときに「特別扱い」を要求する支援の世界がかえって、差別的に感じるのです。

今回こういう本を出したのは、私の考える「自閉症者と社会との共存」は支援の世界とは違っているかもしれないけれども、共存の定義を共有する人たちも決して少なくないことに、確信が持てるような風潮になってきたからです。

自閉症スペクトラムの人たちは法が守れます。きちんと彼らに合った教え方をされれば。

自閉症の人たちは社会に適応できます。社会を現実以上に怖がらず、自分もそこに寄り添う努力をすれば。そしてこれは屈辱でもなんでもありません。健常者も普通にしている努力です。


自閉症スペクトラムの人にとっての最大の触法リスク。

それは周囲によって「大目に見られる」ことになれてしまうということだと思います。

支援の世界は大目に見ても、一般社会は大目に見ません。そしてそれは社会の進む方向性として、正しいと私は考えています。


自閉症スペクトラムの人が社会で働けない最大のリスク。

それは周囲によって、努力の主体と見なされないことだと思います。いくら支援があっても、自分の人生を切り開くのは最終的に（支援をうまく活用することも含めて）自分の力なのだと自覚が持てないことだと思います。


事件が起きるたび、就労がうまくいかない例に出会うたび、支援の世界は「社会の理解がない」と言います。

せっかく縁のあった自閉症の世界ですから、私も社会の理解を広めたいと思います。

けれどもそれは「大目に見て」という方向ではありません。これまでも。今後も。

自閉症者は天使でもなければ悪魔でもありません。人間です。私は人間として、努力の主体としての自閉症者の姿を伝えていこうと思います。

社会的に派手な成功じゃなくてもいいのです。地道に努力を実らせて、他人より時間がかかっても少しずつ自らの力で生きるのを楽にしていく自閉症スペクトラムの人の姿を伝えていこうと思います。

小学生でうちの著者になってくれた中田大地君のように「登校渋りだったのに皆勤賞取った」とか「運動会に参加も難しかったのに一等賞取った」とか、そういう等身大の成功例を示していくことが大事だと思っています。

自閉症は障害であり個性ではない。一生付き合っていかなければいけないものである。それが事実だとしても、自閉症者もまた人間であり、努力の主体として自分の手で幸せをつかみとっていける。

それを伝えていこうと思っています。

それが出版という仕事を与えられた私にとっての「自閉症者の犯罪を防ぐためにできること」です。

皆さんもそれぞれの立場で、自閉症者と社会との共存のあるべき姿を考えてください。

そして自分のできることを実行に移してください。

この小さな本が、そのきっかけとなることを祈って、終わりといたします。

社会《みんな》の中で生きる子どもを育てるための本

心身の安定を得るためのヒントになる五冊

『自閉っ子、こういう風にできてます!』

ニキ・リンコ／藤家寛子 著

自閉っ子、心はあまり違わない。違うのは「身体」と「世界の切り取り方」。

ユーモアたっぷりの会話を通して自閉っ子の姿に迫る名作。

『続 自閉っ子、こういう風にできてます！
――自立のための身体づくり』

岩永竜一郎／藤家寛子／ニキ・リンコ 著

何かと身体機能の不具合を抱える自閉症の人たち。でも打つ手はあった！

発達障害と身体感覚アプローチの第一人者に学ぶ、心身の安定を目指すために今できること。

『続々 自閉っ子、こういう風にできてます！
――自立のための環境づくり』

岩永竜一郎／ニキ・リンコ／藤家寛子 著

自分を知り、工夫を重ねる。それが健やかな社会人生活への近道。
専門家と、当事者の両方に学べる一冊。

『自閉っ子的 心身安定生活！』

藤家寛子／浅見淳子 著

わかるまでが大変だった。でもわかってみたらカンタンだった。心身安定するためのコツ。

解離性障害、うつなどによって暗い青春時代を送ったアスペルガーの藤家寛子さんが、二次障害を抜け出して健康になるまで。

『もっと笑顔が見たいから ――発達デコボコな子どものための感覚運動アプローチ』

岩永竜一郎 著

身体への働きかけは、発達への近道！

感覚運動のプロファイルと、「情緒」「学習」などがどうつながっているか教えてくれる一冊。

感覚運動アプローチによって、どのように「こだわり」を緩和し「共感性」や「注意力」を育むことができるか、とってもわかりやすく解説した本。

世の中に恨みを持たない大人として生きていくためのヒントをくれる四冊

『俺ルール！——自閉は急に止まれない』

ニキ・リンコ 著

自閉っ子の不思議な行動には、こんなに浅いワケがあるのです！

自閉症者と定型発達者が理解しあう一冊。

『自閉っ子におけるモンダイな想像力』

ニキ・リンコ 著

「あのさ〜それくらいわかるだろう、ふつう」

自閉っ子の思考回路には立派な理由があった。

読み終わると自閉っ子に腹が立たなくなる（愛しくなる）一冊！

『自閉っ子、えっちらおっちら世を渡る』

ニキ・リンコ 著

自閉症の脳みそだと、なかなか自然にはわからないけれど、大人になるまでに知っておくと、世の中を怖がらず・恨まずにすむ知恵が満載。

『自閉っ子は、早期診断がお好き』

藤家寛子 著

未学習の自閉脳は、カンチガイを積み重ねていた。でも「知る」ことで、ラクになっていった。

「世界観の切り替わり」の様子をありありと伝える一冊。

脳みそのタイプを知って、発達を促す。発達援助のヒントになる二冊。

『活かそう！ 発達障害脳 ――「いいところを伸ばす」は治療です』

長沼睦雄 著

自分の脳のタイプを知り、強みを活かそう。それが生きやすくなるコツ。

『発達障害は治りますか？』

神田橋條治ほか 著

発達障害者は発達する。強みは弱みの裏にある。みんなみんな発達障害。脳をラクにして発達を促すヒントを、神田橋先生からもらおう！

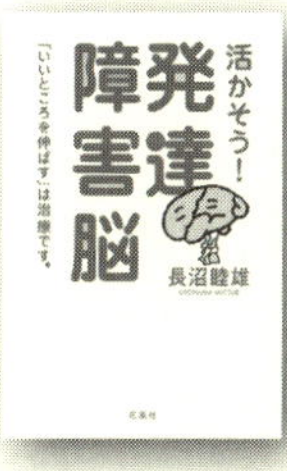

特別支援教育によって成長していく小学生の姿を書いた三部作

『ぼく、アスペルガーかもしれない』

中田大地 著

小学校一年生から二年生になった大地君。将来働ける大人になるために、自ら特別支援級で修行することを選んだ。自分取り扱いマニュアルが必見。

『僕たちは発達しているよ』

中田大地 著

特別支援級は「生きる力」をつけるところ。修行は確実に成果に結びつく。前はできなかったことが、だんだんできるようになった小学校三年生の記録。

『僕は、社会《みんな》の中で生きる。』

障害があったって、「幸せな大人」になれる。
学校とおうちで毎日学ぶ大事なことを、具体的に書いた一冊。

中田大地 著

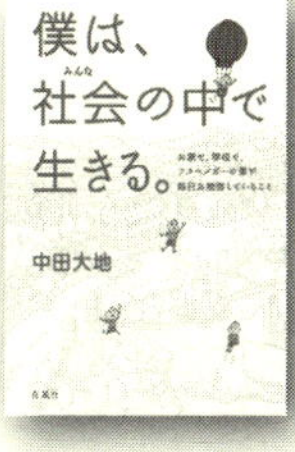

発達障害の人が、一人の人間として、人と人の間で生きていくためのヒントをくれる三冊。

『自閉っ子のための道徳入門』

社会《みんな》の中で生きる子どもを育む会 著

「いいこと」と「悪いこと」の区別、発達障害の子はきちんと覚えられます。
発達障害の子どもたちが、被害者にも加害者にもならず、社会で生きていくために教えておきたいこと。

『自閉っ子のための努力と手抜き入門』

ニキ・リンコ／浅見淳子 著

自閉っ子は、ちゃんと努力できる人たちですよ。次世代の発達障害の子どもを育てる人に伝えたい。上手な「意欲」の育て方。効率のいい「努力」の仕方。

『30歳からの社会人デビュー——アスペルガーの私、青春のトンネルを抜けてつかんだ未来』

藤家寛子 著

幸せになりたい。強い人間になりたい。たとえ障害があっても。他人より時間がかかっても。

解離性障害など重い精神症状に苦しんだ著者が働く社会人となるまで。主治医のインタビュー付き。

支援者でも保護者でもない一般人にできる自閉症支援とは？ を考える本。

『自閉っ子と未来への希望
――一緒に仕事をしてわかった本当の可能性』

浅見淳子 著

支援者でも保護者でもない立場で、自閉症の大人と接してわかったこと。一般社会の人間にもできる自閉症支援とは、を考えてみる。

著者紹介

浅見淳子（あさみ・じゅんこ）

横浜市出身。編集者。（株）花風社代表取締役社長。

慶應義塾大学文学部卒業後、出版社、著作権代理店を経て花風社を設立。当初翻訳出版物を手がけていたが、「異文化」としての自閉症の興味深さに目覚め、自閉症・発達障害関連の本を多く手がけるようになる。取材・講演等の活動を通じて発達障害支援の現場に関わりを持つ。十年にわたる発達障害者と仕事をともにした記録を著書『自閉っ子と未来への希望』にまとめる。本書は、自閉症者からの法的被害を受けて、民事提訴・刑事告訴した経験を次世代のために役立ててもらおうという意図を持って書いた。趣味は旅行・スポーツ観戦。

〈ブログ〉http://blog.goo.ne.jp/tabby222/

自閉症者《じへいしょうしゃ》の犯罪《はんざい》を防《ふせ》ぐための提言《ていげん》
刑事告訴《けいじこくそ》した立場《たちば》から

2012年10月7日　第一刷発行

著者：　浅見淳子《あさみじゅんこ》

デザイン：　土屋 光

発行人：　浅見淳子

発行所：　株式会社 花風社
〒106-0044 東京都港区東麻布3-7-1-2F
Tel：03-6230-2808　Fax：03-6230-2858
Email：mail@kafusha.com　URL：http://www.kafusha.com

印刷・製本：新灯印刷株式会社

ISBN978-4-907725-87-7